DAS BUCH VOM FEMINISMUS

VON JAMIA WILSON
ILLUSTRIERT VON AURÉLIA DURAND

ÜBERSETZT VON CIANI-SOPHIA HOEDER

Zuckersüß
VERLAG

INHALTSVERZEICHNIS

ANMERKUNG DER AUTORIN

*In meiner Kindheit hörte ich in den Medien oft negative Botschaften und Mythen darüber, was Feminismus ist und wer die Menschen sein sollen, die sich als Feminist*innen identifizieren. Und warum? Weil Feminismus meistens in lediglich einer Dimension definiert wurde anstatt in der Fülle seiner immensen Fähigkeit, uns alle zu umfassen und zu unterstützen.*

Während das Wort „Feminismus“ im späten 18. Jahrhundert in der englischen Sprache auftauchte, wurde der Kampf von trans Frauen, cis Frauen und nichtbinären Menschen gegen Voreingenommenheit, Dominanz und Vorurteile seither in Begriffen der ersten, zweiten, dritten und vierten „Welle“ beschrieben. Wie bei allen Kategorien und Strukturen stehen die Linien und Begriffe, die jede dieser Wellen definieren, zur Debatte, werden aber allgemein so verstanden, dass sie gemeinsame Werte, Spannungen und historische Markierungen beinhalten.

*Feminist*innen sind vielfältig und haben unterschiedliche Veränderungstheorien und Ansätze, um ihre Ziele zu erreichen. Daher beziehe ich mich bei meiner Arbeit oft auf das Verständnis und die Wertschätzung verschiedener „Feminismen“, um anzuerkennen, dass Identitäten, Erfahrungen, Geschichten und Ressourcen unseren Fokus und den Blickwinkel beeinflussen, der unsere Ideen und Handlungen leitet.*

*Seit Jahren lese ich in den Medien fade Nachrufe über „das drohende Ende des Feminismus“ und höre einige ältere Feminist*innen fragen: „Wo sind die jungen Frauen?“, ohne wirklich zu erkunden, wie Bewegungsräume und Organisationen generationenübergreifender sein könnten.*

*Ich bin begeistert, dass Feminist*innen mit ihren Stimmen, ihrer Kunst und ihrer Vielschichtigkeit weiterhin rebellischen Boden schaffen, um Geschichte immer wieder darüber zu öffnen, wer wir sind, wer wir zu sein hoffen und wer in unserem Streben nach Gleichheit und Gerechtigkeit eingeschlossen wird.*

Jamia Wilson

KAPITEL EINS

Was bedeutet Feminismus?

„Feminismus ist eine Bewegung zur Beendigung von Sexismus, sexistischer Ausbeutung und Unterdrückung.“
—bell hooks

„Feminist*innen sind Menschen, die sich um Migrant*innen und Arbeiter*innen, die Umwelt und Arbeitsrechte kümmern, und natürlich auch um reproduktive und LGBTQIA+-Rechte. Das nenne ich feministische Werte.“
—Dolores Huerta

„Wie könnten wir nicht die verfolgten trans Frauen oder nicht-binären Menschen einbeziehen wollen, damit wir mehr Genoss*innen haben, um gegen geschlechtsspezifische Unterdrückung zu kämpfen?“
—Janet Mock

„... Natürlich können und sollten auch Männer Feministen sein. Es bedeutet nur, dass wir uns von den Geschlechterrollen befreien, die es nicht immer gab. In alten Sprachen gab es kein er und sie. Sie hatten keine Pronomen; Menschen waren Menschen.“
—Gloria Steinem

ÜBER EINEN TREND HINAUS

Das *Merriam-Webster's Dictionary* kürte Feminismus zum „Wort des Jahres" 2017 und schrieb damit Geschichte. Das Wörterbuch verkündete, dass die Online-Suchanfragen nach dem Wort in jenem Jahr um 70 % gestiegen waren. Was war in dem Jahr passiert? Und warum googelten plötzlich alle einen Begriff, der mir am Herzen lag?

Es war das Jahr der **#MeToo-Bewegung**[1], die gegen sexuelle Belästigung und Missbrauch vorging und von der Überlebensaktivistin Tarana Burke angestoßen wurde. Aber auch die Nachwehen des rekordverdächtigen *Women's March*, der weltweit fünf Millionen Menschen mobilisierte, sowie der historische Aufschwung von Frauen, die in den USA für Ämter kandidierten.

In diesem Jahr scrollte ich durch die Schlagzeilen und Kommentare in den sozialen Medien und dachte darüber nach, wie viel sich durch den #trending-Moment des Feminismus verändert hat und was leider gleich geblieben ist, seit das Wort in einem englischen Wörterbuch in den 1840er-Jahren zum ersten Mal als „die Qualität von Frauen" beschrieben wurde.

Ich dachte über die mehr als 12.000 Jahre Sexismus nach, die zu diesem Moment geführt haben, und über die bekannten und größtenteils unbekannten Menschen, die sich mit ihrer Arbeit, ihrer Kunst, ihren Stimmen und Partner*innenschaften gegen eine Struktur gewehrt haben, die im Laufe der Geschichte eine Gruppe von Menschen begünstigt und an der Macht gegenüber anderen festhält.

UNSERE GESCHICHTE

Historisch gesehen, als **cisgeschlechtliche** Männer begannen, die Mehrheit der Gesellschaften weltweit zu regieren, erhielten Frauen und Mädchen weniger **Autonomie** und nicht mehr die Möglichkeit, Entscheidungen für sich selbst zu treffen. (Diese Gesellschaften sind als patriarchalische Sozialsysteme bekannt, in denen Männer, deren Geschlechtsidentität mit der übereinstimmt, die ihnen bei der Geburt zugewiesen wurde, die primäre Kontrolle, Macht, das Eigentum und die Führung innehaben.)

Eine weit verbreitete Auffassung ist, dass sich die anfangs eher egalitären (gleichberechtigten) Gesellschaften der Jäger*innen und Sammler*innen in Richtung Landwirtschaft bewegten. Die Kontrolle und das Eigentum an der Farm wurden an die männliche Linie weitergegeben. Mit der Zeit wurde dieses Modell durch Religion, Bildung und die Regierung verstärkt.

Es gibt so viele Möglichkeiten, ein Mensch zu sein.

Allzu oft, wenn Stereotypen als „die Norm" verankert werden, maskieren sich falsche Vorstellungen als Wahrheit. Obwohl es so viele Möglichkeiten gibt, ein Mensch zu sein, erhalten wir schon früh Botschaften, dass von uns erwartet wird, uns auf eine bestimmte Weise zu verhalten, auszudrücken oder bestimmte Farben zu tragen. (Hast du schon einmal erlebt, wie einem kleinen Jungen gesagt wurde, dass „Jungs nicht weinen", oder, wie ein kleines, freimütiges Mädchen getadelt wurde, weil es „herrisch" und nicht „damenhaft" war?)

Dies wurde in vielen Gesellschaften auf der ganzen Welt zur Norm, besonders, als die Menschen von einem Land in ein anderes zogen, entweder durch Migration oder Kolonialismus. So verbreitete sich die falsche Vorstellung von einer „natürlichen Ordnung der Dinge", die vermeintlich durch die Biologie bestimmt wird. Doch wir wissen, dass die Dinge nicht immer so waren oder so sein sollten.

Vieles von dem, was über den Feminismus aufgezeichnet und verstanden wird, geschah zwischen dem 17. Jahrhundert und heute. Der Kampf gegen Machtungleichgewichte begann jedoch schon viel früher: von Andal, einer tamilischen Dichterin aus dem achten Jahrhundert, die geschlechtsspezifische „eheliche" Pflichten kühn ablehnte, bis zu Christine de Pizans Vorstellung einer frauenfreien Utopie aus dem 15. Jahrhundert. Heutige Diskussionen über die Gleichberechtigung der Geschlechter wurzeln in den Samen, die ihre Vorfahr*innen vor langer, langer Zeit gepflanzt haben.

INTERSEKTIONALER FEMINISMUS

Obwohl ich froh war, dass die Leute die Definition von Feminismus nachschlugen, sehnte ich mich, dass das Wörterbuch mehr über den Feminismus sagt, den ich schätze und für den ich lebe – einen, der die unterschiedlichen Identitäten einschließt und verstärkt zwischen:

Gleichberechtigung von BIPoC, Behinderung, Migration, LGBTQIA+-Rechten, Arbeiter*innenrechten, reproduktiver Gerechtigkeit, Umweltgerechtigkeit und Feminismus.

Der Feminismus, der mir den Weg ebnete, war der **intersektionale** Feminismus, der von Schwarzen feministischen Denkerinnen wie Kimberlé Crenshaw, bell hooks, Audre Lorde und dem *Combahee River Collective* entwickelt wurde.

Meine eigenen Schwarzen feministischen Vorfahr*innen lehrten mich im Blute wie im Geist, durch Fragen den Feminismus zu verstehen, und klärten mich darüber auf, wer außen vor gelassen wird und wer am Rand steht.

Wie können wir die Menschen, die am meisten über die Probleme Bescheid wissen, mit denen ihre Gemeinschaften konfrontiert sind, vom Rand in den Mittelpunkt rücken?

Die Worte der Indigenous Australian Künstlerin, Aktivistin und Wissenschaftlerin Lilla Watson hat auch meine Perspektive geprägt. Sie erklärte: „Wenn du hierhergekommen bist, um mir zu helfen, verschwendest du deine Zeit. Wenn du jedoch gekommen bist, weil deine Befreiung mit meiner verbunden ist, dann lass uns zusammenarbeiten." Als ich später entdeckte, dass Watson sich unwohl dabei fühlte, für einen Leitspruch verantwortlich gemacht zu werden, der als Teil ihrer Aktivist*innengruppe der Indigenous Australians in Queensland in den 1970er-Jahren entstanden war, gewann ich eine wertvolle Lektion über die Bedeutung und Auswirkungen von Solidarität.

Die Definition im Wörterbuch beschreibt die grundsätzliche Wurzel der Probleme, was Feminismus in seiner kontinuierlichen Entwicklung ist, jedoch ohne zum Kern dessen vorzudringen: ein Raum für Befreiung, Gleichberechtigung für alle.

WERDE AKTIV!

- ***Ergibt die heutige Wörterbuch-Definition für dich Sinn? Muss sie erweitert werden?***
- ***Wen stellst du dir vor, wenn du an Feminismus denkst, und wessen Leben bereichert er?***
- ***Siehst du dich selbst?***
- ***Wer wird ausgegrenzt?***

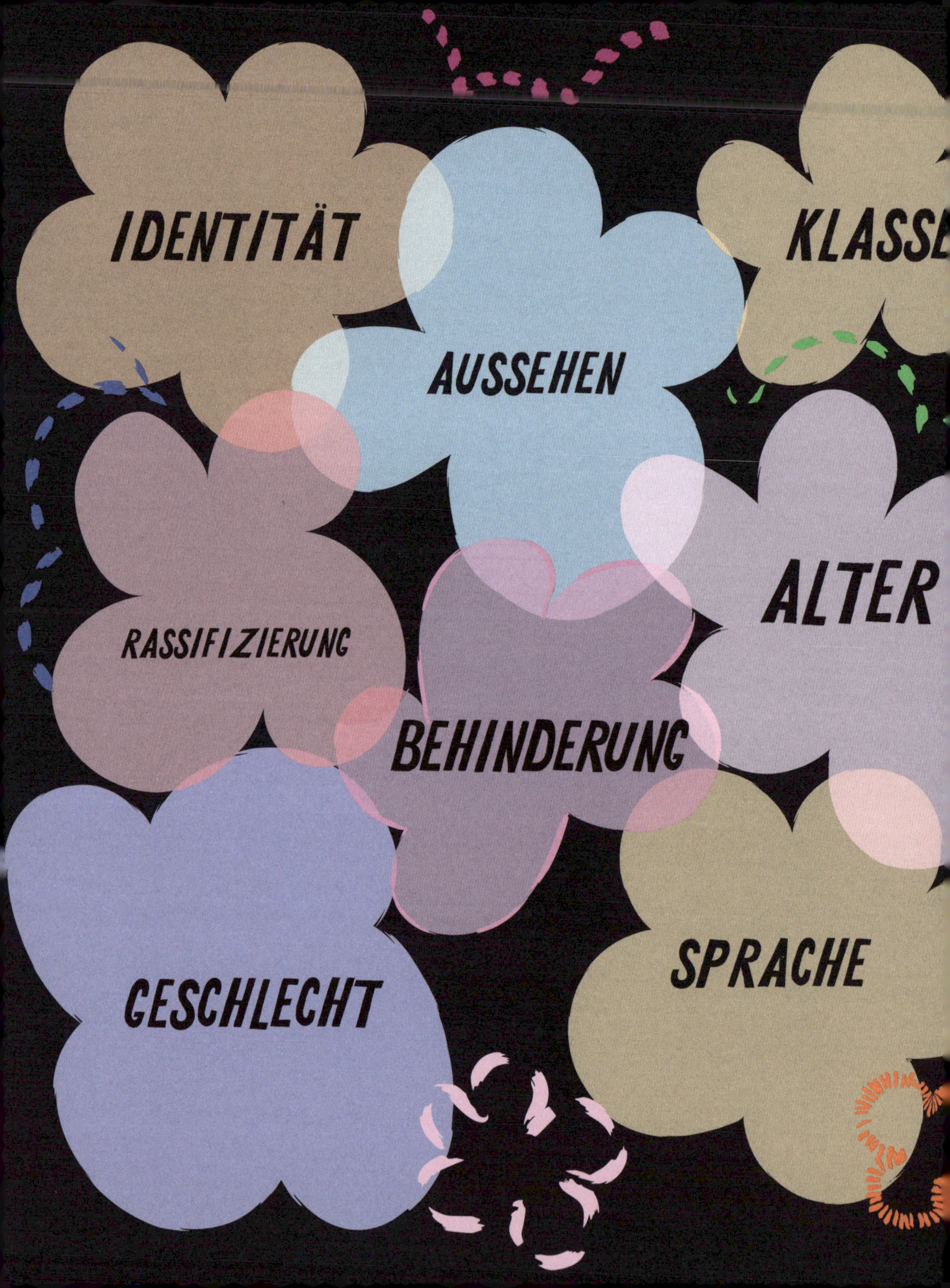
IDENTITÄT
AUSSEHEN
KLASSE
RASSIFIZIERUNG
ALTER
BEHINDERUNG
GESCHLECHT
SPRACHE

INTERSEKTIONALITÄT

Ein von Kimberlé Crenshaw geprägter Begriff, der die Verflechtung sozialer Kategorisierungen im Zusammenhang mit Rassismus, Klassismus und Sexismus beschreibt, wenn ein Individuum oder eine Gruppe von mehreren Formen von Diskriminierung negativ betroffen ist bzw. sind. Die Systeme der Diskriminierung überschneiden sich und es entstehen spezifische Erfahrungen der Ausgrenzung, die davon abhängen, welche Formen von Diskriminierung sich überschneiden.

KAPITEL ZWEI

Das Namens-spiel:

Würde ein Wort mit einem anderen Namen genauso süß duften?

NAMENSSPIELE

Wenn du immer noch mit dem Konzept kämpfst, ein Label anzunehmen, verstehe ich das. Merke dir meine Worte, ich würde lieber mit Leuten zusammenarbeiten, die dieselben Werte haben wie ich, als darüber zu streiten, ob ihre Labels zu 100 Prozent mit meinen übereinstimmen. Die verstorbene Autorin und Dichterin Maya Angelou sagte: „Ich bin eine Feministin. Ich bin schon seit langer Zeit eine Frau. Es wäre dumm, nicht auf meiner eigenen Seite zu stehen."

Wie sie bin ich eine stolze Feministin, weil ich weiß, dass, auf der Seite der am meisten marginalisierten Menschen zu stehen, was meistens trans Frauen, cis Frauen und **nicht-binäre** Menschen umfasst, bedeutet, auf „meiner eigenen Seite" zu stehen. Wenn in unserer unvollkommenen Welt die Bedingungen so sind, dass für diejenigen, die am wenigsten haben, gesorgt wird, wären wir alle der Freiheit und Gerechtigkeit näher.

Wenn in unserer unvollkommenen Welt die Bedingungen so sind, dass für diejenigen, die am wenigsten haben, gesorgt wird, wären wir alle der Freiheit und Gerechtigkeit näher.

In diesem Sinne verstehe ich auch, dass der Begriff selbst historisches Gewicht hat, weil es Mythen, Stereotype und falsche Vorstellungen der Medien darüber gibt, wer Feminist*innen sind und was sie denken.

Wie jede Gruppe von Menschen sind auch Feminist*innen vielfältig und können sich selbst mit vielen Namen bezeichnen. Zum Beispiel identifiziere ich mich auch als **Womanist**. Die Schriftstellerin Alice Walker definierte diesen Begriff, um die Erfahrungen und Geschichten Schwarzer Frauen zu würdigen und sich gegen Anti-Schwarzen-Rassismus innerhalb der *weißen* feministischen Mainstream-Institutionen und Gespräche zu wehren.

In ähnlicher Weise identifizieren sich einige meiner Freund*innen als **Mujeristas**. Hierbei handelt es sich um trans und cis Latinx-Frauen und nicht-binäre Menschen, die für die Befreiung von sich selbst und ihrer Gemeinschaft kämpfen.

Es gibt nichts Freundliches, Mitfühlendes oder Fürsorgliches an Machtmissbrauch oder Ungleichheit, Punkt.

Klingt einfach? Ja, gut. Wenn nicht, lasst uns tiefer in die Frage eintauchen, warum einige Formen von Sexismus und **Frauenfeindlichkeit** beschönigt oder von einigen als „aus gutem Grund", „traditionell" oder als gültiger Punkt der Meinungsverschiedenheit abgetan werden.

Schließe deine Augen und denke darüber nach, wer die Norm, der Standard und das Zentrum der Macht in unseren Gemeinschaften und in unserer Gesellschaft ist. Wenn ich über die Tatsache nachdenke, dass die 46 Präsidenten der Vereinigten Staaten meist *weiße*, cisgeschlechtliche Männer waren und darunter nur eine Person of Color, wird klar, dass Zugangsbarrieren und überholte Einstellungen über Führung und Macht fortbestehen.

Auch wenn es sich überspitzt anfühlt, veraltete Kommentare einer mit der Familie befreundeten Person beim Abendessen darüber, wie „Frauen von Männern geführt und beschützt werden sollten“ oder dass „Frauen einzigartige Stärken haben, um den Haushalt zu führen, daher ist es wichtig, dass Männer außerhalb des Hauses arbeiten, um sich um sie zu kümmern“, beeinflussen Wahlen, Medien und Politik. Sie haben einen direkten Einfluss darauf, wie Menschen über die

Gesetze abstimmen, die unser Leben bestimmen. Wenn ausgediente Ausdrücke über Geschlechtsidentität beiläufig erwähnt, aufgenommen und, schlimmer noch, als übergreifende Wahrheiten akzeptiert werden, schränkt uns das alle ein.

Es ist zwar in Ordnung, dass Menschen unterschiedliche Ansichten haben, aber es ist niemals in Ordnung, dabei einer Person die Menschenrechte, Gleichberechtigung oder Würde abzusprechen. Vieles, was wir im Fernsehen mitbekommen, konzentriert sich auf den offensichtlichen, feindseligen Sexismus. Die Realität aber ist, dass die Klauen des sogenannten **„wohlwollenden Sexismus“** (was an sich ein **Oxymoron** ist) in die Struktur unserer Schulen, Institutionen, Medien, politischen Systeme und Gesellschaft sickern.

Du entdeckst ihn vielleicht in Form der „Verfolgten Unschuld“ in diversen Zeichentrickfilmen, die du als Kind gesehen hast. Oder in Heldengeschichten, von denen du in den Nachrichten gelesen oder gehört hast, in denen Frauen von Männern beschützt werden müssen, um sicher zu sein. Die Denkweise, die diese Ideen fördert, bestätigt oft, dass Frauen wertvoll sind, wenn – und falls sie mit cisgeschlechtlichen Männern konform gehen, die das Sagen haben, Kontrolle ausüben oder die Führung über alle anderen übernehmen.

Wenn veraltete Ausdrücke über Geschlechtsidentität beiläufig erwähnt, aufgenommen und, schlimmer noch, als übergreifende Wahrheiten akzeptiert werden, schränkt uns das alle ein.

Wenn dir etwas davon bekannt vorkommt, nimm dir einen Moment Zeit, um darüber nachzudenken, wie der Feminismus einen Weg geebnet hat, um die Konversation zu verändern. Gib dir jeden Tag die Gelegenheit, Feminist*innen dafür zu danken, wie dein eigenes Leben durch den Mut anderer ermöglicht wurde, vom Tragen von Hosen (ja, das war ein Ding!) bis zum andauernden Kampf für gleiche Bezahlung. Ich danke zum Beispiel oft meinem Wandporträt von Ida B. Wells dafür, dass sie für das Wahlrecht von Schwarzen Frauen kämpfte, obwohl sie zu ihrer Zeit von einigen *weißen* Frauenrechtler*innen untergraben wurde. Wenn du ratlos bist, wirf einen Blick auf die Koryphäen am Anfang eines jeden Kapitels.

Ob du nun auf der Welle der feministischen Errungenschaften, von denen wir profitieren, reiten möchtest oder nicht, ist unerheblich. Vielleicht hältst du sie sogar für selbstverständlich? Sie sind uns trotzdem zuteilgeworden, weil Menschen bereit waren, zu kämpfen, die eigene Meinung zu teilen oder etwas zu verändern.

SCHON DEN AHA-MOMENT ERLEBT?

Was habe ich getan, um mein Erwachen oder, wie viele es nennen, meinen persönlichen feministischen „Aha"-Moment zu feiern? Obwohl ich mich schon früh mit Geschlechtergerechtigkeit beschäftigt habe, unter anderem nachdem ich meine Familie über Schlagzeilen in den Nachrichten reden hörte, verknüpfte ich Feminismus erst in meinen Teenagerjahren mit meiner Identität.

Deshalb habe ich beschlossen, den „Aha"-Moment zu würdigen, der mein Leben verändert hat, indem ich darüber schreibe, wie mich die TV-Aussage von Professorin Anita Hill vor dem Justizausschuss des US-Senats im Jahr 1991 dazu inspirierte, für die Wahrheit einzutreten.[2]

Der Mut von Professorin Hill gegen Ungerechtigkeit bestärkte mich in dem Wissen, dass alle Menschen Freiheit, Gerechtigkeit und Zugang zu ihrem vollen Potenzial verdienen. Es hat mich auch mit der Generation meiner Mutter und Großmutter verbunden. Das war ein entscheidender Moment für mich.

Wenn du lange genug zurückdenkst, ist dein „Aha"-Moment vielleicht mit etwas ganz Alltäglichem verknüpft. Darin enthalten sind die Art, wie wir lernen, die Macht, die Position, Ideen und Werte einiger Menschen über die von anderen zu stellen oder über uns selbst.

Meine Überzeugungen brachten mich später dazu, Tausende Kilometer von zu Hause wegzuziehen, um ein Internat von Feministinnen aus dem 18. Jahrhundert zu besuchen und einen Großteil meines Aktivismus und meiner Karriere der Sache zu widmen. Anders als bei meinem 16. Geburtstag oder meiner Schulabschlussrede gab es keine Torte oder andere Feierlichkeiten zu Ehren der Zeit, als ich mich der Gleichberechtigung aller Menschen – mich eingeschlossen – hingab. Warum nicht?

In den vergangenen Jahren ist mir klar geworden, dass die Vorstellung, Freiheit könne es nicht für alle geben, wenn eine Person zurückgelassen oder untergraben wird, jeden Winkel meines Lebens prägt.

WERDE AKTIV!

- ***Was ist dein „Aha"-Moment? Hat eine Idee, eine Bewegung, eine Gemeinschaft oder eine Denkweise dein Herz und Verstand bewegt?***
- ***Wie wirst du ihn feiern? Wofür wird die nächste Generation DIR danken?***

KAPITEL DREI

Nicht der Feminismus deiner Mutter

COME AS WE ARE

Wie ich bereits erwähnte, veränderte das Geständnis von Anita Hill mein Leben und brachte mich älteren Frauen näher – einschließlich meiner Mutter und meiner Großmutter. Ihre Erfahrungen mit sexueller Belästigung halfen mir dabei, meine Ansichten zu formen. Ich schaute auf sie, um Beispiele dafür zu finden, wie ich über Politik, Ideen und Veränderungen nachdenken sollte. Mit zwölf entdeckte ich jedoch, dass meine Generation ihre eigenen Ungleichheiten und Probleme hat.

Diese Erkenntnis kam in einem Überraschungspaket durch MTV. *Nirvana*, eine Grunge-Band aus Washington aus den 1990er-Jahren, veränderte die Musikindustrie mit ihrem Hit „Come as You Are" auf unvorhersehbare Weise. Berühmt durch den Durchbruch an der Spitze der Musikcharts mit rebellischen Texten und einem eindringlichen Sound machten *Nirvanas* beißend erfrischendes Gebrüll durch ihre Musikvideos, Auftritte und Interviews Millionen von Menschen auf soziale Themen aufmerksam, darunter Geschlechtsidentität, Feminismus, sexuelle Übergriffe und andere Machtmissbräuche.

Zu dieser Zeit lebte ich in Saudi-Arabien, wo die Medienzensur den Zugang zu dem, was als „kontroverser Inhalt" angesehen wurde, von zu Hause aus blockierte. *Nirvanas* melodische Huldigung der Gender-Fluidität, das Zunicken der LGBTQIA+-Rechte und die Oden an die Selbstdarstellung blieben unter dem Radar. Ihre Grunge-Hymne „Smells Like Teen Spirit" gab jungen Menschen die Erlaubnis, sich selbst zu feiern, ihre eigene Stimme zu haben und sich gegen Autoritäten zu wehren.

Das war mein erstes Verständnis dafür, dass der Feminismus, den ich mit der Generation meiner Mutter assoziierte, anders aussah und sich anders anfühlte als mein eigener.

Aus den Schwarzen feministischen Lehrbüchern meiner Mutter über die **Suffragettenbewegung** und die Frauenbefreiungsbewegungen der 1960er- und 1970er-Jahre in den USA und Europa wusste ich, dass Schwarze Frauen andere Erfahrungen, Perspektiven und Überlegungen darüber hatten, wie Arbeit, Taktik, Geschichte und Aktivismus für Geschlechtergerechtigkeit definiert wurden. Daher war ich verwundert, dass ich durch eine Band, die von drei *weißen* cis Männern geleitet wurde, die Tausende Meilen von meinem Zuhause entfernt lebten, mein Denken über Geschlechtergerechtigkeit zu erweitern begann.

Ich fragte mich, ob es mit der **internalisierten Konditionierung** zusammenhängt, sich an den Menschen in unserer Gesellschaft zu orientieren, die die größte Macht und meisten Privilegien haben. Als ich erfuhr, dass ein Graffiti, das Kurt Cobains enge Freundin Kathleen Hanna, die Leadsängerin der **„Riot Girl“**-Punkband *Bikini Kill*, an seine Schlafzimmerwand gekritzelt hatte, ihn zu seiner Hit-Musik inspirierte, grub ich tiefer, um zu erfahren, warum er über das Gefühl schrieb, ein Außenseiter in einer Gesellschaft zu sein, die zu oft diejenigen bestraft, die sich nicht an ihre Beschränkungen anpassen.

Als ich mir ein Interview anhörte, in dem Cobain gestand, sich in der Highschool von dem entfremdet gefühlt zu haben, was heute als **„toxische Männlichkeit“** bezeichnet werden würde, fing ich an, über die Bedeutung von Verbündetenschaft nachzudenken, ohne ein Etikett dafür zu haben.

„Weil ich keine männlichen Freunde finden konnte, mit denen ich mich kompatibel fühlte, hing ich viel mit Mädchen ab. Ich hatte einfach immer das Gefühl, Frauen würden nicht mit Respekt behandelt“, sagte er. Nachdem er erwidert hatte, dass

„Frauen total unterdrückt werden" und er die Verwendung von frauenfeindlichen Worten verurteile, sprach Cobain weiter über sein Erwachen, als er bemerkte, dass einige seiner früheren Lieblingsbands über sexistische Themen schrieben und Frauen auf eine Art und Weise darstellten, die sie wie Objekte statt wie Menschen behandelten.

„Ich glaube, diese Musik lehrt mich, dass wir, wenn wir wirklich lernen zu sein, wie wir sind, zu dem werden, wer wir sind."

Er sprach nicht nur über die Erforschung seiner eigenen sexuellen Identität, sondern auch über die Wut, die er aufgrund der Queerfeindlichkeit seiner Mutter empfand, als er einem Freund gegenüber Zuneigung zeigte, und über den Schmerz, den er aufgrund seiner Behinderung erlebte. Etwas an den Punkten, die Cobain verband, als er über sein eigenes Leiden sprach, fühlte sich wie Empathie und in gewisser Weise auch wie **Solidarität** an.

Obwohl Cobain aufgrund seines Privilegs und seiner Macht als wohlhabender, *weißer*, cisgeschlechtlicher Mann im globalen Rampenlicht nie in meinen Schuhen laufen würde, sah ich ihn als Brücke zu einem neuen Weg. Dank unserer gemeinsamen Liebe zu *Nirvana* war ich in der Lage, einige meiner zuvor abweisenden Klassenkamerad*innen in Gespräche über die Themen zu verwickeln, die mir wichtig waren wie Straßenbelästigung, sexistische Beschimpfungen, Rassismus und Queerfeindlichkeit. Viele ihrer Texte und Botschaften schufen Kanäle, um Dialoge zu normalisieren, die mit einem Stigma behaftet waren, bevor diese Band sie cool, zugänglich und sicher machte, um sie in der Schule zu diskutieren. So seltsam es auch erscheinen mag, gilt eine Grunge-Band, die nicht so aussah wie ich, mit ihrer berechtigten Kulturkritik als Weckruf. Mit ihrer Musik erweckten sie Themen zum Leben, über die zu sprechen ich mich sehnte und die ich emotional und politisch erkunden wollte.

Als meine Mutter mir sagte, ich solle aufhören, während des Familienessens *Nirvana* zu hören, sagte ich ihr, dass mich die Musik fesselte, da sie die Normen infrage stellt und die Komplexität der Identität offen zelebriert.

Sie war schon immer scharf darauf, über Gesellschaft und Kultur zu diskutieren, und fragte mich, was ich gelernt habe, das so wichtig sei, dass es nicht warten könne, bis wir unser Grillhähnchen und die Süßkartoffeln verdaut hätten.

„Mama“, sagte ich, „ich glaube, diese Musik lehrt mich, dass wir, wenn wir wirklich lernen zu sein, wie wir sind, zu dem werden, wer wir sind.“ Als sie mich mit einem tiefen Blick ansah, setzte ich die Kopfhörer wieder auf, stolz darauf, meinen Punkt deutlich gemacht zu haben.

Kompromisslos reichte mir meine Mom kichernd meinen schmutzigen Teller. „Nun, Baby, es ist großartig, dass dieses *Nirvana* dich begeistert, so zu sein, wie du bist, und eine Feministin zu sein. Jetzt musst du, sobald wir fertig sind, in die Küche kommen und abwaschen, denn Mama hat den ganzen Tag in ihrem Job gearbeitet und jetzt nun auch in diesem Haus. Wenn ich‘s mir recht überlege, soll dein Papa auch helfen.“

Hin und wieder verstand ich, dass meine „Aha“-Momente vielleicht nicht dem Feminismus meiner Mama ähneln. Obwohl die Grundprobleme die gleichen sind. Es war für mich in Ordnung, für neue Wege offen zu sein, um meine eigene Bedeutung, die für meinen Kontext und meine Gemeinschaft sinnvoll waren, zu erforschen. Und ich hoffe, dass auch du deinen eigenen Feminismus erforschst und deine eigenen „Aha“-Momente finden wirst.

Ich entwickelte meine eigene Denkweise, basierend auf den Erfahrungen in meinem Leben, die mich zum Handeln aufforderten. Ich lernte, dass es mir helfen könnte, den Erfahrungen meiner Mutter mit Neugier statt mit Verurteilung zu begegnen, um mich auf mein zukünftiges Kind vorzubereiten, wenn es mit neuen Tönen zu unseren immer wieder auftauchenden Liedern von Freiheit und Gerechtigkeit singt.

WERDE AKTIV!

Nimm dir einen Moment Zeit, um einige Gedanken über deine eigene Beziehung zum Feminismus und zu deiner Familie aufzuschreiben.

1. Hat die Popkultur dir jemals etwas Unerwartetes gelehrt über die Art und Weise, wie du die Welt siehst?
2. Wie deckt sich deine Definition von Gleichberechtigung und Feminismus mit der von den Menschen, die dich großgezogen haben? Wie unterscheidet sie sich?
3. Was würdest du gerne mit der nächsten Generation teilen?
4. Worüber würdest du dich gerne mit älteren Generationen austauschen, was daran fällt dir schwer?
5. Was könntest du diese Woche tun, um einen älteren Menschen, der Teil deines Lebens ist, in ein Gespräch über die Themen zu verwickeln, die dir wichtig sind?

KAPITEL VIER

Identität

„Die emotionale, sexuelle und psychologische Stereotypisierung von Frauen beginnt, wenn der Arzt sagt: ‚Es ist ein Mädchen.'"

– Shirley Chisholm

„Identitätspolitik ist … was wir früher Bürger*innenrechte nannten."

– Samantha Bee, *Full Frontal*

BIST DU EIN UNBESCHRIEBENES BLATT?

„Werden wir als unbeschriebene Blätter geboren?", fragte meine Lehrerin, als sie zur Veranschaulichung ihrer Frage ein Stück strahlend weißes Papier verteilte. Während wir den Aufsatz des Philosophen John Locke aus dem Jahr 1689 diskutierten, in dem er den Verstand mit einem Stück „weißem Papier, leer von allen Zeichen" vergleicht, wanderten meine Gedanken in die Gegenwart.

Während ich ihrem Vortrag halb zuhörte, dachte ich darüber nach, ob ich als „Tabula rasa" (ein unbeschriebenes Blatt) in die Welt kam – und ob ich in der Tat an der Bildung meines Identitätsgefühls beteiligt war.

Ich dachte an eines meiner frühesten Fotos, das eine Woche nach meiner Geburt in unserer Wohnung in South Carolina aufgenommen worden war. Geschmückt mit einem pastellfarbenen Spitzenstirnband, das meine dunklen Locken spärlich bedeckte, und gold-glitzernden Ohrsteckern, war ich das Abbild dessen, was die US-amerikanischen Medien und die Gesellschaft als Schwarzes Mädchen definierten.

Obwohl die Fernseh-, Zeitschriften- und Produktwerbung in den 1980er-Jahren die Standards setzte, wie ein Kind auszusehen hatte, fokussierten sie sich hauptsächlich auf goldhaarige

weiße Kinder, während mein Aussehen starren Stereotypen über das Geschlecht entsprachen.

Spulen wir bis zur Gegenwart vor: Nun habe ich Freund*innen, die eine neue Generation von Kindern großziehen und, statt dass ihnen aktiv die Geschlechterrollen von „Mädchen" oder „Junge" vorgegeben werden, möchten, dass ihre Kinder ihre eigene Geschlechtsidentität und ihren eigenen Ausdruck entwickeln können. Wenn ich zurückblicke, spiegelten und verstärkten meine Kleidung und Frisuren die Geschlechternormen meiner Zeit.

Nach der Diskussion über das unbeschriebene Blatt fragte ich meine Eltern, warum sie sich nur wenige Tage nach meiner Geburt dazu entschieden hatten, mir Ohrlöcher stechen zu lassen.

Obwohl ich das „Erwachsenen"-Gefühl, das mir meine Ohrlöcher verliehen, liebte, während einige meiner Klassenkamerad*innen gezwungen waren, bis zu ihrem 13. Geburtstag zu warten, störte mich etwas daran, dass ich nicht hatte mitentscheiden können, warum und wann scharfe kleine Spitzen in meine empfindliche Haut gestochen wurden. Was, wenn ich mich auf andere Weise ausdrücken wollte? Woher wussten sie, ob ich Ohrringe und ein rosa Stirnband tragen wollte? Mein Vater runzelte die Stirn und antwortete: „Du hattest nicht so viele Haare, also haben wir dir Ohrringe und ein Stirnband besorgt, damit die Leute wissen, dass du ein Mädchen bist."

„Du hattest nicht so viele Haare, also haben wir dir Ohrringe und ein Stirnband besorgt, damit die Leute wissen, dass du ein Mädchen bist."

Das Ganze spitzte sich zu, als meine Großmutter, die sich übrigens in ihrem über 90-jährigen Leben noch nie Ohrlöcher hat stechen lassen, sagte: „Du bist doch sowieso ein ‚Girly-Girl' und trägst gerne Ohrringe. Also hat es doch funktioniert. Ich würde es verstehen, wenn du ein Wildfang wie deine Tante wärst." Schließlich wurde mir klar, dass selbst in einer Familie voller selbsternannter Feminist*innen und Menschen, die Berge erklommen, indem sie Dinge taten, von denen manche Leute glaubten, sie seien es als **BIPoC** oder aufgrund ihrer ökonomischen Klasse und/oder ihres Geschlechts nicht würdig, **trotzdem mit fest geballter Faust an Geschlechterrollen und Stereotypen festgehalten wurde.**

Wenn ich heute über diese Fotos nachdenke, sehe ich kein leeres Blatt.

Stattdessen sehe ich ein strahlendes, fröhliches und neugieriges Kind, das von Liebe umgeben war. Gleichzeitig bemerke ich neue Dinge an meinem viel jüngeren Baby-Ich, ein bürgerliches, monokulares, afroamerikanisches Kind, das mich anschaut und mir sagt, wer sie ist. Mittlerweile ist es unmöglich zu differenzieren, auf welche Weise die Identitäten, mit der sie geboren wurde und die ihr die Gesellschaft auferlegt hat, ihr Leben und ihr Verhältnis zur Macht in unserer Gesellschaft geprägt haben.

Ich möchte klarstellen, dass mir meine Aufmachung und meine Erfahrungen mit meiner Geschlechtsidentität ein unverdientes Privileg verschafft haben, weil ich weitestgehend mit den Geschlechternormen in der Dominanzkultur und Gesellschaft in den Vereinigten Staaten übereinstimme. Obwohl meine Situation im Vergleich zu Menschen, die in Häusern und Gemeinschaften aufwuchsen, in denen sie aufgrund ihrer Geschlechtsidentität Missbrauch, Isolation und/oder Spott ausgesetzt waren, verschwindend gering ist, habe ich viel gelernt, als ich mein persönliches Unbehagen mit Geschlechterstereotypen

und Ritualen innerhalb meiner eigenen Familie erforschte.

Ich erinnerte mich an andere, teils schmerzhafte „Aha-Momente“, die mich lehrten, Fragen über Geschlechtsidentität zu stellen und zu ergründen, inwiefern sie mit all unseren sich überschneidenden Identitäten verbunden sind. Nachdem ich den anfänglichen Moment ausgemacht hatte, in dem ich lernte, dass meine Konformität mit dem Verständnis meiner Familie, wie kleine Schwarze Mädchen meiner ökonomischen Klasse auszusehen, sich zu verhalten und sich in der Welt zurechtzufinden haben, kam mir ein Zoetrop – ein Gerät, das auf mechanische Weise bewegte Bilder erzeugt – von Erfahrungen in den Sinn.

Zum Beispiel, als ich einmal eine ältere Verwandte belauschte, die meiner Mutter gegenüber ihre Sorge äußerte, ich könnte „lesbisch werden“, wenn sie mich auf eine reine Mädchenschule schickte, und meine Mutter zu meiner Freude antwortete: „Und wenn schon?“ In dem Moment, in dem mein vielfältiger Freund*innenkreis und ich von einer Gruppe rassistischer Skinheads aus einem Einkaufszentrum gejagt wurden, die uns anbrüllten, weil wir Händchen hielten und damit „Lesbianismus“ und „Rassenvermischung“ fördern würden. Aber auch Momente, für die ich mich zutiefst schäme, weil ich das Problem selbst reproduzierte. Wie zum Beispiel, als eine Freundin zugab, sie sei in mich verknallt, und ich ausflippte, wütend auf sie wurde und wegrannte, weil ich mich damit unwohl fühlte. Unsere Beziehung war danach nie mehr dieselbe, und die Abscheulichkeit war mir zu eigen geworden. Die Kultur der Angst, die ich aufgesogen hatte, übertrug ihr Gift auf eine andere Person und drängte sie dazu, sich noch mehr zu verstecken, weil ich Angst hatte, als Außenseiterin gesehen zu werden. Die Liste geht weiter und weiter. Stattdessen hätte ich zu meiner Freundin sagen können: „Ich bin wirklich froh, dass du mir das erzählt hast. Willst du darüber reden?"

ABER ICH BIN EIN INDIVIDUUM, #ODERETWANICHT?

Die Konstruktion von Identität in unserer Gesellschaft hat vielmehr mit Machtstrukturen zu tun und weniger damit, ein „Individuum" zu sein (wie uns in der Gesellschaft des **Globalen Nordens** oft beigebracht wird).

Sobald ich meine Augen für die kleinen Momente öffnete, in denen Samen über mein eigenes Identitätsgefühl gepflanzt wurden, machte es mich auf die größeren Instanzen in meinem Leben aufmerksam, in denen dies der Fall gewesen ist.

Ein Großteil der frühen schriftlichen Perspektiven auf den Feminismus in den Vereinigten Staaten und Europa wurzelt in individualistischen Sichtweisen, die von hochgebildeten, wohlhabenden, *weißen*, cisgeschlechtlichen Frauen verfasst wurden, die gewöhnlich in heterosexuellen Beziehungen und traditionellen Familienstrukturen lebten.

Im Gegensatz dazu wurde der oft missverstandene Begriff „Identitätspolitik" von der Schwarzen Feministin Barbara Smith und dem *Combahee River Collective* im Jahr 1974[4] geformt.

Das *Combahee River Collective* definierte seine Politik, indem es unverblümt zum Ausdruck brachte, dass es seine „ideologischen Gegensätze" zum *weißen* Feminismus anerkennt und gleichzeitig mit Schwarzen Männern im Kampf gegen Rassismus verbunden ist. Gleichzeitig bestätigten sie, sich aufgrund von Sexismus, Patriarchat und Heterosexismus mitten in einem Kampf mit Schwarzen Männern zu befinden. Sie verkündeten: „Die tiefgründigste und potenziell radikalste Politik kommt direkt aus unserer eigenen Identität."

Als ich schließlich in der Highschool auf das Manifest des *Combahee River Collective* stieß und begann, mich mit der Queer- und Gender-Theorie von Riki Wilchins zu beschäftigen, wurde mir klar, dass Geschlechtsidentität viel komplexer ist als die begrenzten binären Kategorien, die uns beigebracht worden waren und an die wir uns anpassen, an die wir glauben und die wir zu schützen haben.

Unser Geschlecht wird durch unsere Erfahrungen bestimmt, jenseits dessen, was unsere Gemeinschaft von uns erwartet oder uns auferlegt. Unser Geschlecht kann fließend statt starr sein. Wir können unser Geschlecht durch die **Pronomen**, die wir verwenden (meins ist sie/ihr), ausleben, durch die Etiketten, die wir ablehnen oder annehmen, durch die Art und Weise, wie wir uns kleiden und verhalten, und durch die Merkmale, wie wir uns durch diese Ausdrücke in unserem Verstand, Körper und Geist fühlen, zeigen und erfahren. Menschen können sich mit mehreren oder keinen Geschlechtern identifizieren und/ oder sich zwischen ihnen bewegen.

Es ist zwar nach wie vor die traurige Wahrheit, dass gesellschaftliche Erwartungen an die Geschlechtsidentität unsere sozialen, kulturellen, beruflichen und juristischen Rechte beeinflussen können, aber ob wir diesen Stereotypen entsprechen, in der Art und Weise, wie wir uns darstellen oder verhalten, sollte nicht unsere Freiheit oder unseren Zugang zu einem Leben in Würde und Gerechtigkeit bestimmen. Außerdem sind wir alle nicht wirklich frei, solange wir nicht in einer Welt leben, in der trans und nicht-binäre Menschen leben und gedeihen können.

Als eine LGBTQIA+-Verbündete, die noch viel über ihre eigenen Ängste, Erwartungen und verinnerlichten Unterdrückungen darüber, wie ich mein Geschlecht auszudrücken habe, zu lernen und zu verlernen hat, verpflichte ich mich, die nötige Arbeit zu leisten, damit ich nicht weiterhin Traditionen von unbewusstem und bewusstem Schaden und Scham weitergeben kann, die uns alle von der Befreiung abhalten.

Unser Geschlecht wird durch unsere Erfahrungen bestimmt, jenseits dessen, was unsere Gemeinschaft von uns erwartet oder uns auferlegt.

Feminismus und die Rechte von trans Menschen sind untrennbar miteinander verbunden. Beide kämpfen gegen das binäre Geschlecht, das Patriarchat und die Geschlechtserwartungen. Wir können diese Verbindung nicht ignorieren und müssen sicherstellen, dass unser Feminismus inklusiv ist.

WERDE AKTIV!

Schreibe folgende Aufforderung auf und nimm dir einen Moment Zeit, um dich an einige deiner frühesten Erinnerungen zu entsinnen. Fülle die Lücken unten mit Geschlecht, Rassifizierung, Klasse, Religion, Kultur oder einer anderen Identitätsform. Schreibe ein paar Sätze zu jeder Frage auf:

- *Ich erinnere mich an das erste Mal, als ich mir meiner _______________ Identität bewusstwurde.*
- *Ich erinnere mich an das erste Mal, als ich mich aufgrund meiner ___________ Identität anders fühlte.*
- *Ich erinnere mich an das erste Mal, als ich etwas über meine ___________ Identität und ihre Beziehung zu Macht oder Mangel an Macht in unserer Gesellschaft und/oder Kultur gelernt habe.*

Frage dich selbst, ob du dich daran erinnern kannst, ob du jemals eine Person abgewiesen, verletzt oder unterminiert hast, weil sie nicht in deine Vorstellung passte, wie sie ihre Identität erleben oder ausdrücken wollte. Denke darüber nach, was du daraus gelernt hast, und schreibe einen Brief an dich selbst, in dem du dir versprichst, es in Zukunft anders zu machen und beim nächsten Mal mehr Verantwortung zu übernehmen.

GLEICHBEHANDLUNG

Gleichbehandlung bedeutet, dass **alle die gleichen Möglichkeiten, die gleiche Behandlung und die gleiche Unterstützung erhalten**. Verwende diesen Kasten als Beispiel für Gleichbehandlung. Alle drei Personen erhalten die gleiche Box, um eine Situation zu betrachten – aber können alle drei Personen das Gleiche sehen? Wer bleibt außen vor? Wer sieht am meisten? Wer wird benachteiligt?

GLEICHBERECHTIGUNG

Bei der Gleichberechtigung geht es darum, den Menschen zu geben, **was sie brauchen**, um die Dinge fair und gleich zu machen. Basierend auf den Umständen gibt sie denen, die es brauchen, mehr, und denen, die es nicht brauchen, weniger, damit sie ihr Potenzial ausschöpfen können. Indem unterschiedlich große und geformte Boxen verteilt werden, können alle sehen. **Gleichberechtigung ist, wie wir gleich werden.**

„Ich verlange keinen Gefallen für mein Geschlecht; alles, was ich von unseren Brüdern verlange, ist, dass sie ihre Füße von unserem Hals nehmen."
—Ruth Bader Ginsburg, Richterin am *US-Supreme Court*

„Kein Kampf kann jemals erfolgreich sein, ohne dass Frauen Seite an Seite mit Männern agieren. Es gibt zwei Mächte in der Welt; die eine ist das Schwert und die andere ist die Feder. Es gibt eine dritte Macht, die stärker ist als beide: die der Frauen."
—Malala Yousafzai, Nobelpreisträgerin

„Frauen aller Couleur standen schon immer an diesen Kampflinien, und es sind meine eigenen feministischen Mütter, Töchter und Enkelkinder, die ich vor Augen habe, wenn ich diese Arbeit für Gleichberechtigung tue."
—Carol Jenkins, CEO und Co-Präsidentin, *Equal Rights Amendment Coalition*

„Mut ist eine Entscheidung, die du triffst, um auf eine Art und Weise zu handeln, die durch deine eigene Angst für das größere Wohl im Gegensatz zum reinen Eigeninteresse arbeitet. Mut bedeutet, das unmittelbare Eigeninteresse für das, was wir für richtig halten, aufs Spiel zu setzen.“
—Derrick Bell, Anwalt, Professor, Bürger*innenrechtler

KAPITEL FÜNF

Gerechtigkeit

„Freiheit ist wie ein Bad nehmen: Wir müssen es jeden Tag aufs Neue tun.“
—Florynce Kennedy, Anwältin und feministische Aktivistin

„Wir werden die Kinder sein, über die in Lehrbüchern berichtet wird.“
—Emma Gonzalez, Aktivistin für Waffenkontrolle, Überlebende der Parkland-Schüsse

„VERTRAUE DEINER EIGENEN EMPÖRUNG“

Ich bin in einer Südstaatenfamilie aufgewachsen, die tief in der US-amerikanischen Bürger*innenrechtsbewegung verwurzelt ist. Schon früh lehrten sie mich, dass wir Gerechtigkeit und Freiheit für alle Menschen schätzen. Während meiner gesamten Kindheit hörte ich Geschichten, die mir meine Eltern und Großeltern über ihre Teilnahme an Sitzstreiks, Märschen, Wähler*innenregistrierungskampagnen und anderen Aktionen erzählten, um die Politik und Praktiken zu bekämpfen, die ihr Leben im rassistisch getrennten Süden beeinflussten. Insbesondere von meiner Mutter erfuhr ich, dass die Körper Schwarzer Frauen oft wie Schlachtfelder für die Gegner*innen der Gleichberechtigung behandelt wurden.

Neben vielen anderen ungerechten Schilderungen – vom Diebstahl ihres Hundes durch die Hassgruppe *Ku-Klux-Klan* bis hin zur Verhaftung und dem Bespritzen durch Wasserschläuche, nachdem sie gegen die rassistischen **Jim-Crow-Gesetze** marschiert war – erinnerte sich meine Mutter an das Trauma 1968, als sie das Massaker von Orangeburg in ihrer College-Gemeinde in South Carolina überlebte.

Ich bekomme immer noch Schüttelfrost, wenn ich mich an die Albträume erinnere, die meine Mutter an den Tagen nach der Massenerschießung hatte. Die Polizei eröffnete das Feuer auf eine Gruppe von 200 unbewaffneten Studierenden, die gegen die „Rassentrennung“ in den USA protestierten. Sie töteten dabei drei Menschen und verletzten 28 – darunter eine schwangere Frau, die als Folge der Brutalität eine Fehlgeburt erlitt. Meine Mutter erklärte, dass zwar alle Demonstrierenden in Gefahr waren, angegriffen zu werden, dass Frauen aber oft gezielt attackiert worden waren. Schaudernd erklärte sie, die Bürgerwehr und Offiziere, die sie und ihre Begleiterinnen brutal verprügelt hatten, hätten ihre Angriffe oft intensiviert, um die Würde der Schwarzen Frauen zu bedrohen und die patriarchalische Wut der männlichen Demonstranten zu schüren.

Jahre später – inmitten der „Black Lives Matter“-Proteste nach dem tragischen Tod von George Floyd, Breonna Taylor, Rayshard Brooks, Riah Milton, Dominique Fells und so vielen anderen aufgrund staatlich unterstützter rassistischer Gewalt – dachte ich an ihre Erfahrungen.

Durch ihre Berichte aus erster Hand und durch meine eigenen Studien, die folgten, begann ich zu verstehen, wie rassistische und sexuelle Belästigung und Missbrauch als Werkzeuge benutzt wurden und immer noch werden, um die Scharade der *weißen* männlichen Überlegenheit zu untermauern und Angst zu beschwören.

Während ich über diese Episode meiner Familiengeschichte aus der Perspektive meiner Mutter lernte, berichteten mein Vater und meine Großmutter über die Notlage meiner Cousine, Joan Little. Nicht lange, nachdem meine Mutter das Massaker überlebt hatte, das die erste Massenerschießung dieser Art auf einem US-Universitätscampus war, und noch vor den Morden an protestierenden Studierenden an der *Kent State University* und der *Jackson State University*, wurde Joan verhaftet und eingesperrt, weil sie sich selbst verteidigt hatte, indem sie versuchte, einen *weißen* Gefängniswärter davon abzuhalten, sie im Gefängnis zu vergewaltigen.

„Mein Leben liegt nicht in den Händen des Gerichts. Mein Leben liegt in den Händen der Menschen.“

Nur wenige Jahrzehnte vor Joans Prozess, in den 1940er-Jahren, war es für Schwarze Opfer sexueller Gewalt fast unmöglich, vor Gericht Recht zu bekommen. Im Laufe der 1940er-, 1950er- und 1960er-Jahre mobilisierten sich Tausende von Schwarzen und Verbündeten, um das Menschenrecht der körperlichen Unversehrtheit und die Würde von Frauen zu verteidigen, darunter die Aktivistin Rosa Parks. In den Jahren 1974 und 1975 versammelten sich Schwarze Frauen, Organisator*innen und Basisbefürworter*innen wegen des Vorfalls meiner Cousine. Sowohl von Schwarzen geführte als auch einige meist *weiße* feministische Gruppen forderten ihre Freiheit im Namen der Rechte von Opfern sexueller Übergriffe.

Joan erkannte die Macht der Graswurzelbewegung, die sie unterstützte, und sagte während des Prozesses, den die *Chicago Tribune* als den „Prozess des Jahrzehnts“ bezeichnete: „Mein Leben liegt nicht in den Händen des Gerichts. Mein Leben liegt in den Händen der Menschen.“ Tausende protestierten, unterschrieben Petitionen und sammelten Spenden für sie, was zu ihrem Freispruch und zu bahnbrechenden politischen Veränderungen führte, die bis heute Auswirkungen auf das Leben von vielen weiteren Menschen hat. Koalitionen und Partner*innenschaften zwischen aktivistischen Gruppen wie Gefängnisabschaffungsgruppen, der *National Organization for Women*, der *National Association for the Advancement of Colored People*, dem *Ms. Magazine*, der *American Civil Liberties Union* und Musikkünstler*innen wie *Sweet Honey and the Rock* und weiteren Kollektiven Schwarzer Frauen teilten ihre Ressourcen und setzen sich für Joans Gerechtigkeit ein.

Das Aufwachsen mit den Geschichten von Joan und meiner Mutter lehrte mich, dass unser Schicksal in unseren Händen liegt. Systeme der Herrschaft bringen ihre Opfer durch Gewalt zum Schweigen. Die Geschichten meiner Cousine und meiner Mutter sorgten landesweit für Aufmerksamkeit auf die Überschneidung von Antirassismus und Geschlechtergerechtigkeit und schärften das Bewusstsein gegenüber der Macht, die von starken intersektionalen Koalitionen und Partner*innenschaften im Kampf für Gerechtigkeit ausgehen.

Wie meine Freundin und Mitarbeiterin Courtney Martin so eloquent sagt, haben alle in jeder dieser Situationen „ihrer eigenen Empörung vertraut“. Im Angesicht der Unterdrückung, des **Gaslightings** und der Tatsache, dass diese Koalitionen für überempfindlich, rassistisch oder hysterisch gehalten wurden, hielten sie an ihrem Gerechtigkeitssinn fest.
Der Ansatz „Macht miteinander“ im Gegensatz zu einer Hierarchie von „Macht gegenüber“ ermutigt uns, über Solidarität und Gerechtigkeit als eine Angelegenheit jenseits der Verbündetenschaft nachzudenken. Aktivist*innen können zusammenarbeiten, um Narrative zu schaffen, auch wenn sie manchmal unterschiedliche Ansätze haben, um die Herrschaft zu durchbrechen und zu zerschlagen. Einen Raum für verschiedene Theorien zur Veränderung innerhalb eines Herrschaftssystems zu erzwingen, ist wichtig und führt zu Wachstum.

Aufgrund meiner Nähe zu dieser Geschichte und meinen Erfahrungen als Organisatorin in feministischen Räumen, kann ich mir ausmalen, dass wir in der Lage sind, die Fesseln des aktuellen Herrschaftssystems zu überwinden. Wir müssen uns verpflichten, strategische Kooperationen einzugehen, die zugänglich, zurechnungsfähig und auf radikale Solidarität ausgerichtet sind, um

wahrhafte Gerechtigkeit zu erreichen. Neben anderen jungen Frauen zu stehen und die Fahne zu halten, die den *March for Women's Lives* von 2004 mit einer Million Menschen anführten, war mein eigener Übergangsritus. Es war meine Zeit zu lernen, mit Liebe und Leidenschaft zu führen und die Fahne für die nächste Generation weiterzutragen, während ich Schulter an Schulter mit den Frauen stand, die den Weg für uns geebnet haben.

„Kein Mensch ist frei, solange nicht alle frei sind.“

Während ich vorwärts marschierte, erinnerte ich mich an einen Moment, als ich meine Mutter fragte, ob ich mich als „frei“ betrachten könne. In unseren Grundschulbüchern hatte ich gelernt, dass die Versklavung in den Vereinigten Staaten 1865 endete. Sie antwortete mir mit der Weisheit einer ihrer Heldinnen, Fannie Lou Hamer: „Baby, du musst nur eine Sache wissen, wenn du diese Arbeit machst und nach Gerechtigkeit rufst. Tue es, wie Fannie es sagte: ‚Kein Mensch ist frei, solange nicht alle frei sind.‘“ Jetzt denke ich an ihre Lehren, sobald ich mich für meinen eigenen *Marsch für Gerechtigkeit* bereitmache. Wir können nicht alle befreien, wenn wir uns auf die Grenzen einer bestimmten Taktik verlassen. Wir können nicht nur die Bedürfnisse der Privilegierten innerhalb unserer Reihen in den Vordergrund stellen und denken, dass wir Gerechtigkeit, Gleichberechtigung, Würde oder Befreiung für alle erreichen.

Es ist notwendig, die Grenzen unserer Strategie zu erforschen, aus der Geschichte und der Gegenwart zu lernen und gemeinsam mit der Absicht voranzugehen, sich auf die effektivsten Lösungen zu konzentrieren, die aus den betroffenen Gemeinden kommen.

WAS IST GERECHTIGKEIT?

Wer Gerechtigkeit formt

Wir leben in einer Zeit, in der Aktivist*innen, Künstler*innen und Visionär*innen mutig in eine Arena von Siegen eintreten, die mit traditionellen Methoden nur schwer zu messen sind. Wir erkennen sozialen Wandel und Gerechtigkeit, wenn wir es sehen und fühlen. Die Belohnungen des Fortschritts sind es immer wert.

Obwohl Gerechtigkeit nicht komplett durch unsere Gerichte und Rechtsinstitutionen bestimmt wird, verfügen Entscheidungstragende, die unsere Politik und Gesetze gestalten, über eine Macht, die sich auf fast alle Facetten unseres Lebens auswirkt. Im Großen und Ganzen zeigen die Daten, dass sich die Führungsrolle von Frauen in der Regierung und in politischen Prozessen über die Parteigrenzen hinweg verbessert. Im Folgenden ein globaler Schnappschuss davon, wo wir stehen, und dabei wird klar, dass wir noch einen langen Weg vor uns haben, um Gleichberechtigung zu erreichen.

• Wusstest du, dass Frauen, trans und nicht-binäre Menschen nicht gleichermaßen durch die US-Verfassung geschützt sind? Das *Equal Rights Amendment*, bekannt als *ERA*, ist ein Änderungsantrag für die US-Verfassung, der darauf abzielt, gleiche gesetzliche Rechte für alle US-amerikanischen Bürger*innen zu schützen, unabhängig von ihrer Geschlechtsidentität. 94 % der Amerikaner*innen unterstützen das *ERA* über alle politischen Parteien und Geschlechtsidentitäten hinweg. Im Januar 2020 wurde Virginia der 38. Staat, der das *ERA* ratifizierte. Wenn die Verfassung geändert worden wäre, um das *ERA* aufzunehmen, hätten Überlebende sexueller Übergriffe wie Joan Little das Recht gehabt, um ihre Fälle zu unterstützen.

• Frauen stellen in Ruanda 60 % der politischen Entscheidungsträger*innen, 50 % des Kabinetts und die Hälfte der Richter*innen des Obersten Gerichtshofs. Ruanda gehört zu den fünf fortschrittlichsten Ländern in puncto Geschlechtergerechtigkeit. Im Gegensatz dazu rangieren die Vereinigten Staaten an 75. Stelle im weltweiten Vergleich.

• Das Jahr 2021 schreibt eine Rekordzahl von 2.276 Frauen – darunter 552 Schwarze Frauen – in den US-Gesetzgebungsorganen. Frauen haben 557 Sitze im Senat eines Bundesstaates (28 %) und 1.719 Sitze im Repräsentant*innenhaus bzw. der Versammlung eines Bundesstaates (32 %) inne. – *Center for American Progress*

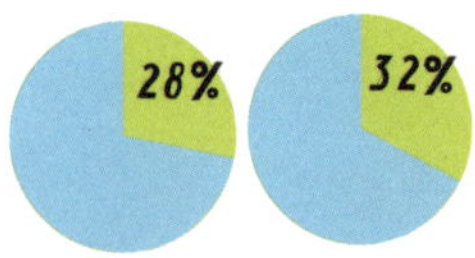

• Im Jahr 2020 wurde in Großbritannien eine Rekordzahl von 220 weiblichen Abgeordneten in das 42. Parlament gewählt. Kandidatinnen der Konservativen Partei gewannen 86 Sitze, die meisten, die die Partei je hatte. Damit sind mehr als 50 % des 42. Parlaments der Abgeordnet*innen der Labour Party nun Frauen. Derzeit machen Frauen ein Drittel der Gesetzgeber*innen aus.

• In 27 Staaten stellen Frauen weltweit weniger als 10 % der Abgeordnet*innen in den einzelnen Kammern oder Unterhäusern, darunter befinden sich drei Kammern, in denen keine Frauen vertreten sind. – *UN Women*

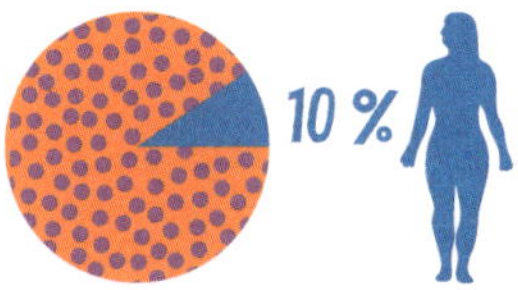

• Elf Frauen sind Staats- und zwölf sind Regierungschefinnen. – *UN Women*

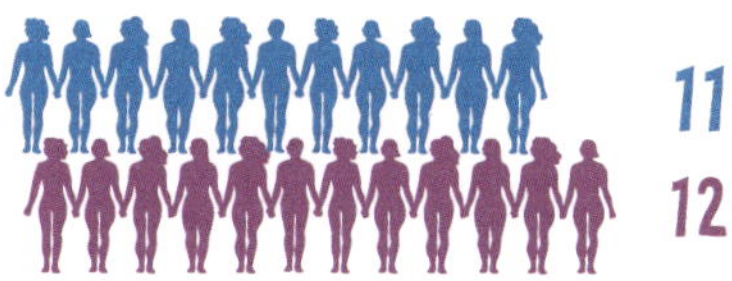

• Nur 20,7 % der regierenden Minister*innen sind Frauen; die fünf häufigsten von Frauen besetzten Ressorts sind: Soziales, gefolgt von Familie/Kinder/Jugend/Senior*innen/Behinderung, Umwelt/Natürliche Ressourcen/Energie, Beschäftigung/Arbeit/Berufsausbildung sowie Handel/Industrie. – *UN Women*

WERDE AKTIV!

• Wie sieht Gerechtigkeit für dich aus und wie fühlt sie sich an?

• Wirf einen Blick auf die oben aufgelisteten Zahlen. Was sagen sie dir? Wie möchtest du, dass sie sich verändern und steigern?

• Welche Veränderungen würdest du gerne in deiner Gemeinde sehen? Was ist ein Schritt, den du diese Woche unternehmen könntest, um einer Sache, die dir am Herzen liegt, dabei zu unterstützen, voranzukommen?

• Nimm dir einen Moment Zeit, um NGOs und Möglichkeiten der Basisorganisation in deiner Gegend zu recherchieren. Wie könntest du helfen, den Zugang zur politischen Partizipation für BIPoC, LGBTQIA+ und Menschen mit Behinderung in deiner Gemeinde zu erweitern? Wenn du keine findest, überlege dir eine Aktion, die du durchführen könntest, um selbst die Saat der Veränderung zu pflanzen – dazu gehört das Starten einer Petition oder das Organisieren von gleichgesinnten Freund*innen, um eine Kampagne aufzubauen.

„Ein Kind, eine Lehrkraft,
ein Buch, ein Stift kann die
Welt verändern."
—Malala Yousafzai,
Nobelpreisträgerin

KAPITEL SECHS

Gleichberechtigte Bildung

„Setz dich hin und lies. Bilde dich für
die kommenden Konflikte."
—Mother Jones, irisch-US-
amerikanische Menschenfreundin,
Arbeitsvermittlerin

„Ich lernte so schnell [Chinesisch], dass ich schon bald in der Lage war, meinem Bruder zu helfen, wenn er nicht weiterkam. Daraufhin seufzte mein Vater immer und sagte zu mir: ‚Wenn du nur ein Junge wärst, wie stolz und glücklich müsste ich sein.' Aber es dauerte nicht lange, bis ich es bereute, mich auf diese Weise hervorzutun; denn ein Mensch nach dem anderen versicherte mir, dass sich selbst Jungen im Allgemeinen sehr unbeliebt machen, wenn entdeckt wird, dass sie ihre Bücher lieben. Für ein Mädchen wäre es natürlich noch schlimmer."
— Murasaki Shikibu, japanische Romanschriftstellerin

„Eine gute Bildung ist ein anderer Name für Glück."
—Ann Plato, afroamerikanische und Indigenous Pädagogin und Autorin

„Nur der Erziehungsstil verdient es nachdrücklich, als Kultivierung des Geistes bezeichnet zu werden, der jungen Menschen lehrt, wie sie anfangen zu denken."
— Mary Wollstonecraft, feministische Autorin

UNTERRICHTET WERDEN

Was bedeutet Bildung für dich?

Für mich waren Glaube, Familie und Bildung das heilige Dreigestirn, das meine Eltern mir beibrachten, sobald ich jedes Wort laut aussprechen konnte. Ich wuchs mit dem Verständnis auf, dass **Wissen eine Form von Macht ist.** Mir wurde gesagt, es sei für mich besonders wichtig, das Erbe meiner Eltern und Großeltern mütterlicherseits zu ehren, die eine höhere Bildung erlangten, während sie mit Barrieren konfrontiert waren, weil sie als Afroamerikaner*innen in segregierten Städten im Süden der USA aufwuchsen.

Später als Teenagerin in Saudi-Arabien wurden viele US-amerikanische im Ausland Lebende nach Hause oder nach Europa geschickt, um Internate zu besuchen, während ihre Eltern im Ausland blieben. Ich verbrachte ein Jahr damit, mich auf die Zulassungstests vorzubereiten, Schulmessen zu besuchen und die infrage kommenden Universitäten zu besichtigen.

In den meisten Fällen gehört die Mehrheit der Schüler*innen, die auf Elite-Privatschulen gingen und dort wohnten, zu den Privilegierten. Da meine Eltern mit bescheidenen Mitteln segregierte Schulen besucht hatten, hatte ich keine Vorstellung davon, wie meine Erfahrung als Schwarze Schülerin der ersten Generation an einer Privatschule sein würde. Wie würde ich mich fühlen? Die Segregationsgesetze der 1960er-Jahre und die hohen Schulgebühren hinderten meine Eltern daran, diese Option überhaupt in Betracht zu ziehen. Obwohl das bahnbrechende Urteil, das Gleichberechtigung in den Schulen vorschrieb, bereits ein Jahrzehnt, bevor meine Mutter die Highschool besuchte, genehmigt worden war, herrschte der tief verwurzelte systemische Rassismus innerhalb der lokalen und staatlichen Institutionen immer noch vor. Meine Mutter wurde als eine der ersten Schwarzen Schüler*innen ausgewählt, um mit der Integration *weißer* Schulen in ihrer Gemeinde zu beginnen, aber sie entschied sich, an ihrer Highschool zu bleiben, an der ihr Vater Mathe und Industriekunst unterrichtete.

Meine Mutter sprach oft darüber, wie die Doppelmoral in Bezug auf Ressourcen, Unterstützung, Materialien und Ausrüstung das Leben sowohl der Schwarzen Schüler*innen als auch der Lehrkräfte beeinflusste. Und vor allem darüber, wie ein sogenanntes **getrenntes, aber gleiches** System alle im Stich ließ, weil es sämtliche Schüler*innen daran hinderte, verschiedene Kulturen zu erleben und Einsichten zu gewinnen, die der Kontakt mit unterschiedlichen Ideen und Menschen vermitteln kann. Durch ihre Geschichten verstand ich, dass Schulen eine große Rolle bei der Gestaltung unserer Erfahrungen spielen und die Hürden widerspiegeln, die in unserem

Arbeits-, Gesellschafts-, Politik- und Rechtssystem verankert sind.

Da ihr Arbeitgeber sich vertraglich verpflichtet hatte, meine Ausbildung im Ausland zu unterstützen, ergriffen meine Eltern die Gelegenheit, mich auf eine Schule zu schicken, die für ihre akademische Strenge bekannt ist. Da ihre einzige Anweisung darin bestand, dass ich eine Schule auswählen sollte, die mir vielfältige und umfassende Kursoptionen bot, war ich mit den Möglichkeiten ein wenig überfordert.

Als ich mich durch die Hochglanzbroschüren der Universitäten auf der ganzen Welt wühlte, war ich überwältigt von den Vorteilen, die jede einzelne bot. Da jede Schule mit ihrer wissenschaftlichen, künstlerischen und sportlichen Exzellenz warb, versuchte ich, zwischen den Zeilen zu lesen, um herauszufinden, ob ich wirklich hineinpassen würde. Die meisten, die ich in Betracht zog, waren größtenteils *weiß*, meist wohlhabend und in Vorstädten der Vereinigten Staaten und Großbritanniens angesiedelt.

Zu meiner Überraschung kam das Thema Gender während des gesamten Prozesses häufig zur Sprache. Fälschlicherweise nahm ich an, dort nicht so streng auf meine Kleiderordnung achten zu müssen, wie ich es in der Öffentlichkeit in Saudi-Arabien tat. Während meiner Zeit dort wurde von Mädchen und weiblichen Expats verlangt, sich bescheiden zu kleiden, indem sie in der Öffentlichkeit ihre Schultern und Knie bedeckten. Wir wurden von der Religionspolizei, die damals die Straßen und Einkaufszentren überwachte, um uns von Ungehorsam abzubringen, nachdrücklich aufgefordert, diese Regeln zu befolgen.

Als ich in den Broschüren blätterte, fragte ich mich, warum so viele der Schuluniformen junge Frauen zu bevormunden schienen und ihnen vorschrieben, was sie zu tragen hatten. Auf der anderen Seite waren viele der jungen cis Männer in Klamotten gekleidet, die Anzüge widerspiegelten, die sie in ihrer erwarteten hochrangigen Rolle in der Zukunft tragen würden. Bei einigen der Schulen mit Jungen und Mädchen fiel mir auf, dass die Anforderungen an die Uniform und die Erwartungen an die Kleidung über strikte binäre Geschlechtsvorstellungen definiert waren, was die Idee verstärkte, dass wir uns alle an bestimmte Geschlechterrollen anzupassen hatten, anstatt uns nach unseren eigenen Vorstellungen auszudrücken.

Nachdem ich einen Stapel von etwa 20 Anzeigen durchgesehen hatte, zog ein hellblaues Pamphlet meinen Blick auf sich. Ich las die Worte auf dem

Umschlag laut vor, weil ich fasziniert war: **„BLUESTOCKINGS“**.

Als ich die Broschüre verschlang, wusste ich, dass mich eine Schule, die von feministischen Pädagog*innen gegründet worden war, mit einer Bildungslinie verbinden würde, zu der ich anderswo vielleicht keinen Zugang hätte. Obwohl es eine Menge offensichtlicher Unterschiede zwischen den Gründermüttern der Einrichtung und mir gab, sprach mich ihre beständige Mission an, junge Frauen und Mädchen unter dem Motto „Wahrheit ohne Furcht“ zu erziehen. Schließlich erinnert mich der Feminismus, wenn er rechtschaffen und gerecht praktiziert wird, an jene Maxime, die mich dazu inspirierte, weit von zu Hause wegzuziehen und mein Lernabenteuer zu beginnen.

Spulen wir vor zu der Zeit, als ich in meinem neuen Internat ankam. Während Feminismus etwas war, das wir aufgrund der **feministischen Werte der ersten Welle** meiner Schule oft diskutierten, frage ich mich jetzt, wie es gewesen wäre, wenn wir an der „Feminismus-in-der-Schule“-Bewegung teilgenommen hätten, die von Bildungsführerenden wie Ileana Jiménez, der Schöpferin der Hashtags #HSfeminism und #K12feminism, vorangetrieben wurde und 2016 auf der allerersten *International Girls' Studies Association Conference* in Norwich, Großbritannien, Wellen schlug.

Jetzt, da ich mir dieser aufkeimenden Bewegung von Lehrkräften bewusst bin, die aktiv Feminismus in ihren K-12-Lehrplan integrieren, frage ich mich, was ich besser über mich selbst und meine Gemeinschaft hätte verstehen können, wenn ich zu jener Zeit Zugang zu bewusst intersektional feministischem Unterricht gehabt hätte. Obwohl meine Kurse informativ und forschungsbasiert waren, was ich liebte, unternahm ich viele Wochenendausflüge zum College-Campus, um tiefer in die Komplexität des Feminismus einzutauchen, die über das hinausging, was im formalen Lehrplan enthalten war.

In der Schule erfuhr ich, dass die Absolventin der Universität von Bologna, Bettisia Gozzadini, im Jahr 1239 die erste Frau war, die an einer Universität lehrte. Im frühen 16. Jahrhundert, als Frauen noch über keine richtigen gesetzlichen Rechte verfügten, war es einer ausgewählten Gruppe von Frauen, die im patriarchalischen Europa Zugang zu höherer Bildung genoss, nicht gestattet, die von ihnen erworbenen

Abschlüsse zu erhalten. Ich habe auch mehrmals gehört, dass Abigail Adams, die Frau von John Adams (dem zweiten Präsidenten der Vereinigten Staaten), ihren Mann aufforderte, „an die Damen zu denken“, während er und die anderen „Gründerväter“ die Unabhängigkeitserklärung unterzeichneten. Sie argumentierte, Frauen sollten in der „neuen Verfassung“ sowohl die gleiche rechtliche Vertretung als auch Zugang zu Bildung erhalten, um zu „lernen und Tugend zu fördern“. Beeinflusst vom Zeitalter der Vernunft und dem Aufstieg des Individualismus, forderten die Frauen Blockaden der höheren Bildung für Frauen und der Sekundarbildung für Mädchen, faire Beschäftigungsmöglichkeiten und kritisierten diskriminierende Praktiken.

Inspiriert von der Französischen und US-amerikanischen Revolution veröffentlichte die englische Autorin Mary Wollstonecraft 1787 im Alter von 19 Jahren ihre „Thoughts on the Education of Daughters“ und 1792 „A Vindication of the Rights of Woman“.

Im modernen Geschichtsunterricht erfuhr ich, dass Wollstonecrafts „Vindication of the Rights of Woman“ eine Antwort auf Jean-Jacques Rousseau's „Émile“ darstellte, der Frauen herabsetze. Wollstonecraft lieferte eine wortgewaltige Klatsche gegen eingeschränkte Geschlechterrollen und setzte sich für die Bildung der Frauen, das Recht auf freie Rede und das Recht auf Eigentum ein. In den darauffolgenden Jahren setzte sich in Europa und den Vereinigten Staaten das, was als erste Welle des aufgezeichneten und organisierten feministischen Widerstands bekannt ist, von den späten 1700er-Jahren bis zum Ersten Weltkrieg fort.

Doch selbst an einer feministischen Schule musste ich über die zugewiesenen Lehrbücher hinausgehen. Denn, wie die Beispiele zeigen, beschäftigten wir uns vor allem mit *weißem* Feminismus. Durch die Lektüre von Büchern, die mir meine Mutter, eine Schwarze Professorin, geschenkt hatte, durch Ausflüge mit meinen Freund*innen, um zu sehen, wie die Schwarze feministische Gelehrte bell hooks vor den Studierenden des örtlichen Colleges sprach, und durch den Besuch von *Riot-Girl-Shows* in der Stadt, um Zugang zu aufständischen neuen Zines und Mixtapes zu bekommen, versuchte ich, mehr darüber herauszufinden, wie Kolonialismus, Rassismus, Geschlechtsidentität und Sexualität in die Konversation jenseits unserer zugewiesenen Lehrbücher passen. Ich tat mich mit anderen Gleichgesinnten zusammen, schrieb für die Schüler*innenzeitung und nahm an *Model United Nations* teil, während ich diese Ideen in unsere Debatten und Diskussionen einbrachte.

Trotz alledem sehnte ich mich immer noch nach mehr Gelegenheiten, über die Arbeit von und für BIPoC-Feminist*innen, LGBTQIA+-Koryphäen und Führungspersönlichkeiten mit Behinderung im

Klassenzimmer zu lesen, sie zu studieren und mich damit zu beschäftigen.

Außerhalb des Klassenzimmers begann ich, zu lernen und zu verstehen, dass es innerhalb des Feminismus verschiedene Denkschulen gibt. Vergleichen wir beispielsweise die unterschiedlichen Perspektiven, die diese Strömung auf die Bildung hatte.

Liberale Feminist*innen konnten die anhaltenden Herausforderungen des modernen Bildungssystems aufgrund einiger andauernder Probleme mit dem Patriarchat hervorheben, während sie bestimmte individuelle oder gruppenspezifische Fortschritte förderten. Radikale Feminist*innen würden sagen, das System selbst bleibe aufgrund des **patriarchalischen** Ursprungs (von Männern für Jungen geschaffen) zutiefst fehlerhaft und unterdrückend. Alternativ dazu würden sozialistische Feminist*innen wirtschaftliche Ungerechtigkeit, die Macht von Unternehmen, Korruption und Kapitalismus als die Kräfte benennen, die für geschlechtsspezifische Bildungsunterschiede verantwortlich sind. Schwarze Feminist*innen und transnationale Feminist*innen würden argumentieren, Sexismus, Rassismus, Klassenunterdrückung, Geschlechtsidentität, Migrationsstatus und Globalisierung hätten Auswirkungen auf die Bildungsgerechtigkeit und alles sei untrennbar miteinander verbunden. Diese Gruppen befinden sich zwar alle unter dem feministischen Dach, bieten aber unterschiedliche Ideen zu möglichen Lösungen.

Während meine feministische Ausbildung von Mitte bis Ende der 1990er-Jahre extrem intensiv war, frage ich mich, was passiert wäre, wenn ich im Klassenzimmer mehreren Ansätzen des Feminismus und Debatten innerhalb der Bewegung ausgesetzt gewesen wäre.

Wie die Entstehung der #HSfeminismus-Bewegung zeigt, entwickelten sich feministische Standpunkte zur Rolle der Bildung in der Gesellschaft und Kultur im Laufe der Zeit, lange bevor der Begriff selbst 1895 erfunden wurde – und diese unterschiedlichen Standpunkte zeigen sich unter anderem darin, wie verschieden Lehrkräfte und Institutionen das Thema angehen. Heute lehren feministische Pädagog*innen vom Kindergarten bis zur weiterführenden Schule ihren Schüler*innen aktiv Feminismus, indem sie ihnen Werkzeuge an die Hand geben, um die Welt um sie herum durch die Brille von Gerechtigkeit, Gleichberechtigung Menschenrechten und Aktivismus zu verstehen. Ihre Kurse geben den Schüler*innen Theorien an die Hand, die ihnen helfen zu verstehen, wie Sexismus, Rassismus, Klassismus, Migration und andere Themen ihr Leben und das anderer Menschen beeinflussen.

Anstatt nur eine Einheit oder ein Kapitel über das Thema selbst zu studieren, ist Feminismus heute ein Weg für kritisches Denken und Diskurs innerhalb und außerhalb des Selbst. Er erweitert das Bewusstsein und macht den Weg frei für nicht nur mehr feministische Schulen, sondern auch für mehr feministische Bewegungen, Kunst- und Sporträume, Arbeitsplätze und Kommunen in der Zukunft.

Über 20 Jahre später, wenn ich durch die Flure des akademischen Gebäudes gehe, in dem ich studiert habe, freue ich mich über die in Stein gemeißelten Namen globaler intersektionaler Führungsfrauen. Ich denke auch über die Bedeutung nach, dass ich erst 20 Jahre später herausfand, dass der Preis, den ich im Alter von 17 Jahren gewann, von der Familie der ersten Schwarzen Absolventin meiner Universität gestiftet worden war.

So viele Jahre lang verspürte ich Stolz, diesen Preis gewonnen zu haben, ohne zu wissen, dass ich in die Fußstapfen einer afroamerikanischen Frau im Exil getreten war, die unsere Schule mutig integriert hatte und später zu einer führenden Sozialistin und Autorin der Frauenbefreiungsbewegung wurde. Ich glaube nicht, dass es Zufall war, dass wir beide von einem Ort angezogen wurden, dessen Vision uns für den Feminismus inspirierte und an dem auch unsere eigenen Stimmen und unser Einfluss den Geist und die Türen für neue Möglichkeiten öffneten. Ich dachte immer, ich hätte mich zu meiner Schule wegen ihrer einzigartigen feministischen Geschichte hingezogen gefühlt, doch später lernte ich, dass es Teil meiner Bestimmung war, ein Teil ihrer feministischen Entwicklung zu sein.

Wie setzt du dich für feministische Bildung in deiner Schule oder Gemeinde ein?

GLEICHBERECHTIGTE BILDUNG IST IMMER NOCH WICHTIG

Bildung hilft uns, unser Verständnis von uns selbst, unseren Gemeinschaften und der Welt im Allgemeinen zu formen. Schulen setzen Normen und prägen unsere Vorstellungen von Partizipation, politischer Macht und gemeinsamen Werten in unserer Gesellschaft.

Weltweit werden Schüler*innen marginalisierter Geschlechter oft daran gehindert, in der Schule erfolgreich zu sein, weil sie gefährliche Schulwege, Belästigungen auf der Straße, Armut, das Stigma der Periode, den Einwanderungsstatus und überholte Vorstellungen über Ehe, traditionelle Geschlechterrollen und Arbeit erleben.

Je nachdem, wo sie leben, sehen sich viele junge Frauen, Mädchen und nicht-binäre Jugendliche mit Barrieren für eine sichere, hochwertige und gerechte Bildung konfrontiert.

Obwohl in vielen Bildungssystemen weltweit einige bedeutende Fortschritte gemacht wurden, spiegeln sich die Ungleichheiten in unserer Gesellschaft im Großen und Ganzen immer noch in der Schulpolitik, in Kursen, Sportteams, künstlerischen Gemeinschaften und mehr wider. Darüber hinaus wurzeln viele der Ideen und manchmal auch falsche Vorstellungen, die wir über soziale Bewegungen haben, einschließlich Feminismus, LGBTQIA+-Aktivismus und Antirassismus, in Vorurteilen und Hindernissen, denen Mädchen, junge Frauen und nicht-binäre Schüler*innen in der Schule begegnen. Laut *UNESCO* „sind Vorurteile gegenüber Mädchen in den Bildungssystemen tief verwurzelt, sei es in Bezug auf die Teilnahme, die Lehrbücher oder die Einstellung der Lehrkräfte". Studien zeigen, dass Mädchen und junge Frauen, wenn sie Unterstützung und Ressourcen haben, um ihre Bildung voranzutreiben, davon profitieren, indem sie in ihrem Erwachsenenleben pro Schuljahr etwa 20 % mehr verdienen. Und das stärkt auch ihre Gemeinschaften.

„Vorurteile gegenüber Mädchen sind in den Bildungssystemen tief verwurzelt, sei es in Bezug auf die Teilnahme, die Lehrbücher oder die Einstellung der Lehrkräfte."

• Mädchen haben eine höhere Wahrscheinlichkeit als Jungen, die Grundschule nie zu besuchen.
— *UNICEF*

• Die meisten Länder haben die Gleichstellung der Geschlechter bei der Einschulung in die Grundschule erreicht, aber in vielen Ländern gibt es weiterhin Ungleichheiten, die Mädchen benachteiligen.
— *UNICEF*

• 59 % aller US-amerikanischen trans Schüler*innen wurden daran gehindert, Toiletten zu betreten, die ihrer Geschlechtsidentität entsprechen
— *National Center for Transgender Equity*

• Trotz aller internationalen und nationalen Bemühungen sind mehr als die Hälfte der Kinder, die nicht zur Schule gehen, Mädchen. 31 Millionen Mädchen gehen weltweit immer noch nicht zur Schule.
— *UNESCO*

• 84 % aller trans Schüler*innen und 70 % der nicht-binären Schüler*innen wurden in der Schule gemobbt oder belästigt.
— *US-GLSEN*

• Frauen sind in technischen und wissenschaftlichen Disziplinen aufgrund sozialer und kultureller Hindernisse für Management- und Führungsrollen unterrepräsentiert. Nur 29 % der weltweiten Forscher*innen sind Frauen.
— *UNESCO*

WARUM GESCHLECHTERFORSCHUNG? WARUM JETZT?

„Es gibt nichts Radikales am gesunden Menschenverstand."

– **Judith Butler**, Philosophin, Autorin Theoretikerin der Geschlechterforschung

Die Geschlechterforschung hilft uns zu verstehen, wer wir sind und wie Geschlecht, Rassismus, Sexualität und Klasse unser Leben, unsere Systeme und unsere menschliche Erfahrung beeinflussen. Geschlechterforschung ist ein zusammenhängendes Feld, das Geschlecht, Sexualität, Kultur, Literatur, Sprache, Kolonialismus, Machtdynamik, Arbeit, Gesellschaften und Gerechtigkeit untersucht.

Die Geschlechterforschung ist in der Regel in geistes- und sozialwissenschaftlichen Abteilungen angesiedelt, hat aber disziplinübergreifende Relevanz. In Geschlechterforschungskursen untersuchen Studierende soziale Gerechtigkeit, Arbeitsfragen, globale Politik, LGBTQIA+-Theorie und -Studien, Intersektionalität und die Geschichte des feministischen Denkens und Aktivismus. Eine meiner Lieblingsaktivitäten aus der Zeit, als ich mein Geschlechterforschungsseminar für Erstsemester am College unterrichtete, war die Frage, wer sich am ersten Tag des Kurses als Feminist*in identifizierte. Am Ende des Kurses hoben fast alle die Hand, weil sie verstanden hatten, wie wichtig es ist, die Ideen, die Geschichte und die Normen zu begreifen, die unsere Gesellschaft formen.

Aufgrund des Anstiegs **autoritärer** Regierungen weltweit haben Wissenschaftler*innen in diesem Bereich in letzter Zeit mit dem Druck von Gegner*innen zu kämpfen, die diese logische Disziplin als „Ideologie" statt als Wissenschaft angreifen, was ein Beispiel für das Fortbestehen der Geschlechtervorurteile an sich ist. Transfeindliche Menschen und Gruppen versuchen, die Gleichberechtigung von trans Menschen zu verhindern, indem sie sie als „trans Gender-Ideologie" brandmarken statt als ein Streben nach Gerechtigkeit. Im selben Jahr, in dem die ungarische Regierung beschloss, dem Fachbereich für Geschlechterstudien die Akkreditierung zu entziehen, bestritt die Präsidentin der Nationalen Vereinigung für Frauenstudien, Premilla Nadasen, die Behauptung der „Gender-Ideologie" sowie die Unwahrheit, Geschlechterstudien würden mit den Familienwerten kollidieren. Sie sagte: „Wissenschaftler*innen im Bereich der Frauen- und Geschlechterforschung sind nicht in einer ‚Gender-Ideologie' verwurzelt. Sie denken über Gender als einen Analyserahmen für das Verständnis der Art und Weise, wie die Welt funktioniert. Ich denke, wenn es eine Ideologie gibt, die sich in dieser Debatte manifestiert hat, dann ist es die rechte Ideologie, die versucht, zur **heteronormativen** patriarchalen Gesellschaft zurückzukehren."

WERDE AKTIV!

- *Wirf einen Blick auf die Statistiken in diesem Abschnitt. Überrascht dich etwas?*

- *Denke an einen Moment, in dem du die meisten deiner Ideen über Geschlecht, Gerechtigkeit und Gleichberechtigung gelernt hast. Wie viel hast du in der Schule über Feminismus gelernt? Woher hast du deine Informationen sonst erhalten? Was wäre in deinem Leben anders verlaufen, wenn du früher in deinem Leben etwas über Feminismus gelernt hättest?*

- *Reflektiere deine bisherigen Bildungserfahrungen. Wer hatte bisher den größten Einfluss auf deine Sichtweise über Feminismus? Deine Eltern? Deine Freund*innen? Die Medien? Wie hat das, was du in der Schule gelernt hast, mit dem übereingestimmt oder dem widersprochen, was du aus anderen Quellen gehört hast?*

- *Nimm dir ein paar Minuten Zeit, um aufzuschreiben, welche Rolle das Geschlecht bei Kleiderordnungen, Sport, künstlerischen Darbietungen, Schulwahlen und sozialen Dynamiken an deiner Schule spielt. Siehst du irgendwelche Probleme, die angegangen werden müssten? Welchen Schritt könntest du unternehmen, um deine Meinung zu teilen oder eine Veränderung zu bewirken?*

„Wir werden immer noch nicht gleich bezahlt. Und wenn du glaubst, dass das ein Mythos ist, rechne mal nach. Ungleiche Bezahlung schadet Frauen. Es schadet ihren Familien. Und es schadet uns allen. Du und ich müssen weiter für einen gleichen Lohn bei gleicher Arbeit kämpfen. Ich stehe jeden Tag mit diesem Gedanken auf, weil ich etwas bewirken muss."
— Lilly Ledbetter, Aktivistin für gleiche Bezahlung

„In diesem Land ist Lesbischsein ein Armutszeugnis – genauso wie of Color zu sein, genauso wie eine Frau zu sein, genauso wie einfach nur arm zu sein. Die Gefahr liegt in der Rangfolge der Unterdrückungen. Die Gefahr liegt darin, die Besonderheit der Unterdrückung nicht anzuerkennen. Die Gefahr liegt in dem Versuch, Unterdrückung rein theoretisch zu behandeln. Ohne eine emotionale, herzliche Auseinandersetzung mit der Quelle unserer eigenen Unterdrückung. Ohne Feindliches in uns selbst und außerhalb von uns zu benennen, kann keine authentische, nicht-hierarchische Verbindung unter unterdrückten Gruppen stattfinden." – Cherríe L. Moraga, feministische Chicana-Autorin und Aktivistin

KAPITEL SIEBEN

Geld

WIRTSCHAFTLICHE UNGERECHTIGKEIT

Während meines Studiums absolvierte ich ein Praktikum bei einer globalen feministischen Organisation mit Sitz in Washington, D.C. Täglich konzentrierten wir uns darauf, die US-Handelspolitik zugunsten armer Frauen und Mädchen weltweit zu beeinflussen. Dort lernte ich, dass Geschlechtergerechtigkeit sich auf unsere Fähigkeit auswirkt, die Ressourcen aufzubauen, die wir brauchen, um in der Gesellschaft zu gedeihen, sowohl als Individuen als auch als Familien und Gemeinschaften.

Eines Tages sah ich Königin Noor von Jordanien dabei zu, wie sie über die Verbindung zwischen Wirtschaft und Geschlechtergerechtigkeit sprach. In diesem Moment fiel mir auf, dass ich es aktiv vermied, mich außerhalb des Wirtschaftsunterrichts in der Schule über Geld zu äußern.

Mir wurde klar, dass ich mich sehr schämte und es mir unangenehm war, darüber zu sprechen, wie sich Geld, Studienschulden und ein unsicheres Einkommen auf meine Angehörigen – und damit auf mein eigenes Leben – ausgewirkt hatten.

Ich wurde an die Zeit erinnert, als ich meine Eltern fragte, warum einige meiner Klassenkamerad*innen in der Privatschule **Aktienportfolios** als Abschlussgeschenk erhielten, obwohl ich nicht einmal wusste, was das war. Damals begann ich, mich mit Verwandten über die Auswirkungen der fehlenden **Reparationszahlungen** für Versklavung und den seit Generationen gestohlenen Reichtum von **BIPoC** in unserem Land zu unterhalten, zusätzlich zu den Kosten für das Leben in ländlichen **Lebensmittelwüsten**, zu denen noch lange Pendelwege hinzukommen.

Vor diesen Diskussionen hatte ich nicht einmal darüber nachgedacht, wie diskriminierend Gebühren wie die **„Tamponsteuer“** sind (für lebenswichtige Produkte, die nur Menschen aus marginalisierten Geschlechtern benutzen), die eine zusätzliche Belastung für Frauen, trans Männer und nicht-binäre Menschen, BIPoC und deren Familien darstellen. In einer Großfamilie, die aus vielen alleinerziehenden Müttern besteht, hörte ich auch von den Schwierigkeiten, Ernährerin sowohl am Arbeitsplatz als auch außerhalb zu sein.

Obwohl sie nonstop mehrere Jobs haben und dem Mythos des **American Dreams** trotzen, erlebte ich stattdessen aus erster Hand die Wahrheit von Dr. Martin Luther King Jr. darüber, wie BIPoC stigmatisiert und von Wirtschaftssystemen ausgeschlossen werden, die nicht für ihr Gedeihen ausgelegt sind. Er sagte: „Es ist ein grausamer Scherz, zu einem stiefellosen Mann zu sagen, er solle sich an seinen Stiefelschlaufen hochziehen.“ Obwohl seine Worte nicht die Schwarze feministische Theorie berücksichtigten, die in den kommenden Jahren aufkommen sollte, trägt die „doppelte Gefahr“, sowohl Schwarz als auch eine Frau zu sein, wie die radikale Schwarze Feministin Flo Kennedy es nannte, zu den Auswirkungen der wirtschaftlichen Ungerechtigkeit bei, damals wie heute.

Etwa zu dieser Zeit begann ich, über die radikale Feministin Shulamith Firestone zu lesen. Sie schrieb über eine utopische Gesellschaft ohne die Unterdrückung von Frauen.

Firestone glaubte, die Klasse der Männer und die Klasse der Frauen führten zur Marginalisierung der Frauen in der Gesellschaft. Sie resümierte, dass die Befreiung der Frauen vom Druck, Kinder zu bekommen, ein gleichberechtigtes Engagement in der Arbeitswelt und mehr Autonomie ermöglichen würde. Nach ihrer Einschätzung trugen Frauen, die zu Hause arbeiteten, ohne für ihre einflussreiche und sinnvolle Hausarbeit bezahlt zu werden, dazu bei, die kapitalistische Wirtschaft anzuheizen, damit Männer den öffentlichen Raum dominieren können. Obwohl ich persönlich nicht mit allen Ansichten von Shulamith übereinstimme, hat sie mein Bewusstsein darüber erweitert, wie wir die Arbeit wertschätzen können, für die wir so oft nicht entlohnt werden, weil sie als „Frauenarbeit" verharmlost und stigmatisiert wird.

Es ist ein grausamer Scherz, einem Menschen ohne Schnürsenkel zu sagen, sie*er solle sich an den eigenen Schnürsenkeln hochziehen.

Ich erkannte, dass Macht, Privilegien, geschlechtsspezifische und rassistische Ungleichheit eine Rolle bei der Gestaltung meines Zugangs zu einem existenzsichernden Lohn spielen, trotz der vorgetäuschten **Leistungsgesellschaft**, an die wir in der Schule und in den Medien zu glauben gelernt haben. Während ich einem Podium von meist wohlhabenden Expert*innen zusah, die über wirtschaftliche Ungerechtigkeit sprachen, stellte ich mir vor, wie es sein würde, über meine eigenen Erfahrungen mit sexueller Belästigung durch Kunden zu sprechen, während ich für mickriges Trinkgeld kellnerte, oder Verwandte zu bitten, die Wahrheit über schreckliche Erfahrungen in Niedriglohnsektoren, diskriminierenden und manchmal unsicheren Arbeitsumgebungen in Fabriken, in der Pflege und im Haushalt zu erzählen.

Es war der Moment in meinem Praktikum, das mir etwa acht Dollar pro Stunde einbrachte (eines der einzigen College-Praktika, das sich eine Mittelklasse-Studentin wie ich ohne elterliche Hilfe leisten konnte, weil es nicht unbezahlt war), an dem ich beschloss, mehr zu lernen. Als ich jeden Tag zur Arbeit erschien, um Daten über den Status von Geschlecht und Wirtschaft weltweit einzugeben, schwor ich mir, mehr zu handeln und über die Realitäten zu sprechen, wie historische und systematische Ungerechtigkeit einen wirtschaftlichen Einfluss auf mein Leben und das von anderen hat.

DIE ZAHLEN LÜGEN NICHT

• Weltweit verdienen Männer mehr als Frauen.

• Indigenous American Frauen verdienen im Vergleich zu *weißen* Männern nur 58 Cent pro Dollar. Für eine Bevölkerungsgruppe von Frauen, die zehnmal häufiger ermordet wird als der nationale Durchschnitt, ist das Lohngefälle eine Frage von Leben und Tod. — *NBC*

• Schwarze Frauen in den USA erleben ein Lohngefälle auf jedem Bildungsniveau, und das Gefälle ist bei den am besten ausgebildeten Schwarzen Frauen am größten. — *NWLC*

• Das Gender-Pay-Gap in Deutschland lag im Jahr 2019 bei rund 19 %. Damit verdienen Frauen in Deutschland durchschnittlich rund ein Fünftel weniger als Männer. — Statistisches Bundesamt

• In den USA kommt es immer häufiger vor, dass Frauen die Hauptverdienerinnen in ihren Familien sind, wobei der Großteil des Verdienstes von den Müttern abhängt. — US-Institut für frauenpolitische Forschung

• In den USA verdienen LGBTQIA+-Paare, die eine Familie gründen, im Durchschnitt 20 % weniger als heterosexuelle Paare und leben häufiger in Armut.

• Gerechte Erbschaftssysteme wurden in den letzten Jahren immer mehr zur Regel. Männer neigen jedoch dazu, mehr Land und Vermögen zu besitzen als Frauen auf der ganzen Welt.

• 15 % aller trans Männer und Frauen in den USA leben mit einer Armutsrate, die fast viermal so hoch ist wie die der Allgemeinbevölkerung. LGBTQIA+- sowie BIPoC-Familien sind am stärksten von den Ungleichheiten betroffen. — *American Progress*

• Die britische Regierung kündigte im Haushalt 2020 an, dass die „Tamponsteuer" von fünf Prozent Mehrwertsteuer endlich abgeschafft wird. Im Jahr 2014 startete Laura Coryton eine Petition, nachdem sie entdeckt hatte, dass Jaffa-Kuchen, Krokodilsteaks und die Wartung von Privatjets von der britischen Steuerbehörde nicht als essenzielle Luxusartikel unter den Mehrwertsteuerregeln eingestuft werden – Tampons hingegen schon.

WERDE AKTIV!

„Feministische Philanthropie ist kein karitativer Akt oder ein Akt der Macht. Es ist ein Akt der Solidarität und der gegenseitigen Ermächtigung, bei dem die Lösung der Probleme, mit denen Frauen konfrontiert sind, als eine Angelegenheit der gegenseitigen Verantwortung gesehen wird.“ – Fondo Centroamericano de Mujeres (*Nicaraguanischer Frauenfonds*)

- *2020 sollte das Gesicht der Freiheitskämpferin und US-amerikanischen Abolitionistin Harriet Tubman das Design der US-Währung verändern. Diese Änderung hatte die Obama-Administration 2016 angekündigt. Die Trump-Administration verzögerte den Prozess der Ersetzung des Gesichts des ehemaligen Präsidenten Andrew Jackson auf der US-Währung, indem sie es „reine politische Korrektheit“ nannte. Hast du dir jemals dein Geld angeschaut und dich gefragt, welche Geschichte es dir darüber erzählt, wen dein Land schätzt? Halte fest, welche Gedanken dir in den Sinn kommen.*

- *2018 wurde Island zum ersten Land, das von Unternehmen verlangt, zu beweisen, ob sie ihre Mitarbeitenden gleich bezahlen. Was weißt du über Gesetze zur Lohngleichheit in deinem Land? Weißt du, ob die Schule, die du besuchst, deine Lehrkräfte, Verwaltungsangestellten und andere Arbeitskräfte gleich entlohnt?*

- *Möchtest du dabei helfen, Ressourcen für feministische Arbeit zu finden? Während wir das Wort „Philanthropie“ meist mit dem Akt einer Einzelperson oder Institution verbinden, die für eine Sache spendet, ist die wahre Bedeutung des Wortes „Menschenliebe“.* FRIDA – *der* Young Feminist Fund – *und der* Third Wave Fund *sind feministische Aktivist*innenfonds, die von und für junge BIPoC-Frauen und LGBTQIA+–Menschen geführt werden. Wenn du die Ressourcen hast, dann ziehe in Betracht, an einen Fonds in deinem Land zu spenden. Oder vielleicht kennst du eine Bewegung, die du organisieren möchtest und die Unterstützung gebrauchen könnte?*

„Wenn ich mich traue, mächtig zu sein, meine Kraft im Dienste meiner Vision einzusetzen, dann wird es imme unwichtiger, ob ich Angst habe
— Audre Lorde, Schriftsteller und Aktivistin, die sich selbst a „Schwarz, lesbisch, Mutter, Kriegerin, Dichterin“ bezeichnete

KAPITEL ACHT

Macht

„Lasst uns sanft zu uns selbst und zueinander sein und heftig, wenn wir gegen Unterdrückung kämpfen.“
— Dean Spade, Aktivist, Schriftsteller, Lehrer

Wenn Wissen Macht ist, ist Macht auch Wissen, und ein großer Faktor in ihrer untergeordneten Position ist die ziemlich systematische Ignoranz, mit der das Patriarchat Frauen behandelt."
— Kate Millett, Schriftstellerin

„Ich glaube an meine Macht. Ich glaube an deine Macht. Ich glaube an unsere Macht."
— Raquel Willis, Schriftstellerin und Aktivistin

„Der Wert meines Lebens ist sowohl dadurch ausgelöscht worden, weil ich eine Frau bin, als auch aufgrund meines Schwarzseins und meiner Armut. Rassismus und Sexismus in Amerika waren gleichwertige Partner meiner Unterdrückung."
— Elaine Brown, Autorin und Aktivistin

EINE GESCHICHTE VOLLER KRAFT

Bücher sind meine Liebessprache. Solange ich mich erinnern kann, hat meine Mutter die Tradition aufrechterhalten, mir Briefe zu schreiben, mich mit großen Ideen zu inspirieren und ihre Lieblings-Freiheitslieder am Rande von Kinderbüchern, Gedichtsammlungen, Memoiren, Anthologien, wissenschaftlichen Texten und sogar Geschäftshandbüchern zu teilen. Bis heute stehen Exemplare von „Sister Outsider“ von Audre Lorde, „Daughter of Destiny“ von Benazir Bhutto, „Letter to My Daughter“ von Maya Angelou und fast jedes Buch von Alice Walker in meinem Regal mit ihren ewigen Notizen der Anleitung und Inspiration. Diese Praxis hat in meinem Leben eine Tradition ausgelöst.

Sobald ich selbst schreiben konnte, übernahm ich Moms Ritual und schrieb ihr und all meinen Lieben, der Familie, Freund*innen, Hunden, Vorfahr*innen und sogar längst verstorbenen Held*innen, die ich nie kennengelernt hatte, wie Anne Frank lange Briefe. Ich begann auch, meine feministischen Lieblingstexte in Secondhandläden und Antiquariaten zu sammeln und wählte die Exemplare aus, in denen persönliche Notizen eingraviert waren. Meine Leidenschaft für das Teilen von Geschichten als eine Form der Fürsorge und Bestätigung für meine Gemeinschaft ist so tief, dass ich, wann immer ich gefragt werde, was ich mir als Geschenk wünsche, um Bücher mit eingravierten Notizen und Weisheiten bitte.

Ein Beispiel dafür geschah am letzten Tag in meiner Oberschule. Ich werde nie den Moment vergessen, als Hannah, eine meiner Klassenkamerad*innen, an mir vorbeifuhr, um mich vor der letzten Sommerpause vor dem College aufzuspüren. Mit langen, goldenen Haaren, die im Wind flogen, steckte sie ihren Kopf aus dem Autofenster und schwenkte ein Buch in meine Richtung, während sie meinen Namen rief.

Sie reichte mir das Buch und sagte: „Lies die Notiz darin, wir sehen uns bei der Abschlussfeier.“ Ich schaute auf den Einband des Buches in meiner Hand und erkannte, dass ich ein Exemplar von „A Taste of Power“ erhalten hatte: „A Black Woman's Story“ von Elaine Brown.

Ich wischte mir die Tränen weg, als ich die Notiz meiner Freundin las, in der sie mir ihr Vertrauen in meinen Mut, meine Stimme und meine Kraft jetzt und in der Zukunft aussprach. Sie erwähnte, dass sie an mich gedacht hatte, als sie von Elaine Browns Erfahrung an einer überwiegend *weißen* Schule für „begabte junge Frauen" erfuhr und ihren Erlebnissen als bahnbrechende Anführerin der *Black Panther*, als politische Aktivistin und schließlich als selbsternannte Feministin, die in einer von cis Männern dominierten Organisation die Wahrheit beim Namen nannte.

Hannahs Geschenk gab mir das Gefühl, gesehen und gehört zu werden. Während unserer letzten Jahre auf dem Campus stand ich als Co-Leiterin unserer *Black Student Union* für meine Prinzipien ein, als einige *weiße* Eltern etwas dagegen hatten, dass wir den von der Schule sanktionierten „Black Awareness Club" mit einem kraftvolleren, bewegungsorientierten und aktivistischen Namen versahen. Zu dieser Zeit wurden wir von anderen Autoritätspersonen auf dem Campus stark ermutigt, unsere aufstrebenden LGBTQIA+-, nichtchristlichen (in einer christlichen Schule) und BIPoC-Gruppen in einen sanfteren „Diversity Club" umzuwandeln, der von Natur aus die Arbeit, die wir jeweils machten, dezentrierte, um uns so auf unsere spezifischen Bedürfnisse konzentrieren zu können.

Als wir vorschlugen, die kleinteiligen Interessengruppe autonom unter einer breiteren Koalition existieren zu lassen, stießen wir auf einige Hindernisse, weil dies gegen den weithin akzeptierten **„farbignoranten"** Rahmen der damaligen Zeit verstieß.

Anstatt das zu akzeptieren, was uns als geeignetere und weniger „umstrittene" Art und Weise nahegelegt wurde, und unsere Bedenken über ungleiche Machtverhältnisse anzusprechen, entschieden wir uns dazu, zu verdeutlichen, wie die Ungerechtigkeiten der Außenwelt immer noch in den heiligen Mauern unserer sonst so fortschrittlichen Schule präsent waren.

Als Hannah mir am Abend, bevor ich als gewählte Klassensprecherin vor der Schüler*innenschaft sprechen sollte, „A Taste of Power" überreichte, wusste ich, dass es eine Erinnerung war, meine Macht und meine Stimme zu nutzen. Als ich am nächsten Tag das Podium betrat, beschloss ich, auf einen Großteil dessen zu verzichten, was ich in das Dokument geschrieben hatte, das unsere Schulleiterin vorher durchgesehen und genehmigt hatte.

Stattdessen entschied ich mich, mit zitternden Knöcheln (Gott sei Dank trug ich einen langen Kittel!) und mutiger

Stimme darüber zu sprechen, wie wir für unsere Werte einstehen können, selbst wenn wir in der Unterzahl sind. Ich erzählte, was ich von den Studierenden gelernt hatte, die mit mir und anderen solidarisch waren, obwohl ihre Macht und ihr Privileg die Alternativen bequemer gemacht hätten. Ich sprach darüber, was es bedeutet, Bücher über Trotz, Gerechtigkeit und sogar Antiheld*innen zu studieren, die sich entschieden hatten, anders zu sehen, zu sprechen, sich etwas vorzustellen, Macht zu haben und dies zu nutzen, um zu versuchen, die Welt neuzugestalten.

„Die größte Sünde ist, auf dem Hintern zu sitzen … Quäl dich nicht. Organisiere."

Als ich zu meinem Platz zurückging, sonnte ich mich in der Energie des Augenblicks. Ich wollte mir die Kraft einprägen, die ich gewonnen hatte, als ich mich zum ersten Mal als Führungskraft sah. Ich sprach und lebte laut aus, was ich tief in meinem Inneren wusste, nämlich, dass es an uns liegt, uns selbst zu definieren, denn sonst tun es andere. Indem wir unsere eigenen Geschichten ausgraben und untersuchen und von den Geschichten anderer lernen – insbesondere von denen, die offen oder verdeckt an den Rand gedrängt werden –, teilen wir die Wahrheit über Macht. Wir erinnern uns und einander daran, dass wahre Macht nichts mit Dominanz, Vorherrschaft, Herrschaft oder Kontrolle zu tun hat. Stattdessen geht Macht mit Zusammenarbeit, gemeinschaftlichem Handeln, Empathie, Zuhören und Freiheit einher, ohne eine Person zurückzulassen.

Hannahs einfache Geste entfachte ein Feuer in mir. Sie erinnerte mich an meinen Mut, die Geschichte anderer durch ein Buch zu teilen. Als ich den Campus verließ, um das College und den Rest meines Lebens in Angriff zu nehmen, dachte ich daran, wie mein Aktivismus auf dem Spielplatz begonnen hatte, als ich Rüpel wegen rassistischer und antisemitischer Beleidigungen zur Rede stellte. Im Laufe der Zeit wurde ich meinem Spitznamen „Rebellin mit einer Agenda" gerecht, mit Beulen, Kratzern und manchmal einem Fuß im Mund. Derselbe Wille führte dazu, dass ich im Alter von zehn Jahren zusammen mit meinen Eltern an meinem ersten Protest gegen Rassismus teilnahm. In der Mittel- und Oberschule kandidierte ich für den Schülerrat, organisierte Recycling-Kampagnen und verabschiedete Petitionen zum Kampf gegen die Apartheid in Südafrika und zur Befreiung politischer Gefangener auf der ganzen Welt.

Die verstorbene großartige Schwarze Feministin Florynce „Flo" Kennedy sagte: „Die größte Sünde ist, auf dem Hintern zu sitzen … Quäl dich nicht. Organisiere." Ihr „verbales Karate", wie die feministische

Aktivistin Gloria Steinem ihre Organisations-Superkräfte beschrieb, prägt noch immer die Kampfrufe von Bewegungen weltweit. Die Werke von aktivistischen Schriftsteller*innen, Filmemacher*innen und Künstler*innen können uns an unsere eigenen Kräfte, Gaben und unsere Fähigkeit, etwas verändern zu können, erin-

nern. Kunst und Bücher können auch ein Wegweiser für die Zukunft sein und uns helfen, Fehler aus der Vergangenheit nicht zu wiederholen.

Damals war mir nicht klar, dass die Lektionen, die ich über die Macht des Kollektivs lernte, genauso bedeutsam waren wie die Macht, die ich als Wählerin erst mit 18 Jahren erlangen würde. Und als ich volljährig wurde und meine **Briefwahlstimme** abgab, die wahrscheinlich falsch ausgezählt wurde, in einer höchst umstrittenen Wahl, die von Wähler*innenunterdrückung gegen marginalisierte Gemeinschaften wie die meine geprägt war, wusste ich, dass ich die Kraft meiner Stimme, meines Stifts und meines Schuhleders einsetzen musste, um Veränderungen in einem System zu erreichen, das eine komplette Umgestaltung benötigt. Wenn ich an die Macht der Menschen denke, die diese Generation definieren wird, denke ich an die Gleichberechtigung in der Ehe, *Occupy Wall Street*, den ersten Schwarzen Präsidenten der Vereinigten Staaten, die erste Frau, die die Volksabstimmung bei den Präsidentschaftswahlen in den Vereinigten Staaten gewann, Tausende von Protesten gegen Abschiebung und Einreiseverbote an Flughäfen, den rekordverdächtigen *Women's March* auf sieben Kontinenten (einschließlich der Antarktis), die „Black Lives Matter"-Bewegung, Jacinda Ardern, die jüngste lebende Premierministerin der Welt, und vieles mehr. Ich werde daran erinnert, dass die verschiedenen Arten von Macht, die wir auszupacken, zu untersuchen, aufzubauen und zurückzufordern lernen müssen, für uns notwendig sind, um einen Unterschied in unserem Leben zu machen. Einem Leben, in dem unsere Zukunft durch die Entscheidungen bestimmt wird, die wir gestern getroffen haben, und in der Macht unserer moralischen Absichten und Handlungen ein Heute schafft.

MACHT IN ZAHLEN
DATEN SIND WICHTIG.

„Die Macht liegt darin, wer gezählt wird und von wem."
— Marcia Douglas, Autorin

Regierung

Nach Angaben des *Council on Foreign Relations* haben 19 von 193 Ländern weibliche Staats- oder Regierungschefs. 14 von 193 Ländern haben einen Frauenanteil von mindestens 50 % im nationalen Kabinett. Vier von 193 Ländern haben einen Frauenanteil von mindestens 50 % in der nationalen Legislative.[5]

Literatur

Nach Angaben von *VIDA Lit* veröffentlichte das *Harpers Magazine* in diesem Jahrzehnt fast doppelt so viele Artikel von Männern als von Frauen. Das Magazin hat nur sechs nicht-binäre Autor*innen von insgesamt 2.273. In der *London Review of Books* veröffentlichen 32,6 % Frauen, bei *The Atlantic* 36,55 % und in *The Nation*, laut ihrer letzten Umfrage, nur 39,85 %.

Medien

- Die Erhebung von Pro-Quote zeigt, dass Männer in Deutschland die Medien dominieren. In fast allen Bereichen, dazu zählen öffentlich-rechtlicher Rundfunk, Online- und Printmedien, liegt der Anteil von Frauen meist bei knapp 30 %.
— *The Women's Media Center*

- 28 Journalist*innen in den USA und 47 ihrer Kolleg*innen in vier anderen Ländern berichten, dass Online-Täter unangemessene Kommentare, Aufforderungen und Vergewaltigungsdrohungen gegen sie gerichtet haben, so die *University of Texas Center for Media Engagement.*
— *The Women's Media Center*

- Das *Pew Research Center* berichtet, dass der Gesamtanteil *weißer* und cis-männlicher Mitarbeiter in den Nachrichtenredaktionen höher ist als in der gesamten US-Belegschaft.
— *The Women's Media Center*

Online

- Um die gewalttätigen und mundtot machenden Auswirkungen des Online-Missbrauchs auf die Rede- und Meinungsfreiheit vollständig zu verstehen, benötigen wir intersektionale Daten. Eine Studie von *Pew* fand heraus, dass 25 % der jungen Frauen online sexuell belästigt wurden und 26 % Stalking erlebten. Darüber hinaus stellte *Pew* fest, dass Frauen insgesamt überproportional von den schwersten Formen des Online-Missbrauchs betroffen sind, einschließlich Doxing und gewalttätige Drohungen.

Musik

• Nur 21,7 % der Künstler*innen, die seit 2012 die Top-700-Songs veröffentlicht haben, waren Frauen. Auch in Deutschland ist die Situation ähnlich: Im Jahr 2006 lag der Anteil an Frauen in den Charts bei 41 % – das Jahr ist eine Ausnahme. Meist liegt der Anteil bei unter 30 %. Es besteht ein Geschlechterverhältnis von 4,8 Künstlern zu einer Künstlerin. Männliche Interpreten waren zu 52 % *nicht-weiß*, während 73 % Frauen of Color waren. — Universität von Südkalifornien, *Annenberg Inclusion Initiative*

WERDE AKTIV!

• Welche Geschichte hast du als Kind über Macht gehört? Wie fühlst du dich dabei? Wer ist eingeschlossen und wer ist ausgeschlossen? Wie würdest du sie heute umschreiben?
• Wem würdest du ein Exemplar dieses Buches mit einer Notiz am Rande schenken? Wem würdest du gerne ein anderes Buch mit einer besonders kraftvollen Notiz schenken, um ihr*ihm zu helfen, die Fähigkeit zu nutzen, etwas zu verändern?
• Was bedeutet Macht für dich?
• Wann hast du dich das erste Mal mächtig gefühlt? Und warum?
• Welche Bedingungen müssen gegeben sein, damit du dich noch mächtiger fühlst? Wie kannst du deine Macht mit anderen teilen, um Macht für ihre Gemeinschaft aufzubauen?
• An welchen Branchen bist du interessiert? Wie lauten die Zahlen? Waren die Daten mit ein wenig Internetrecherche leicht zu finden? Falls nicht, wie könntest du dich dafür einsetzen, dass sich das ändert? Vielleicht, indem eine Nachverfolgungs- oder Verantwortlichkeitskampagne gestartet wird?

„Ich habe so viel Zeit meines Lebens damit verbracht, meine Lebensqualität nicht an der Akzeptanz meiner Behinderung zu messen, sondern an der Auslöschung der Behinderung.“
—Sarah Michael Hollenbeck, Schriftstellerin und feministische Buchhändlerin

KAPITEL NEUN

Gesundheit

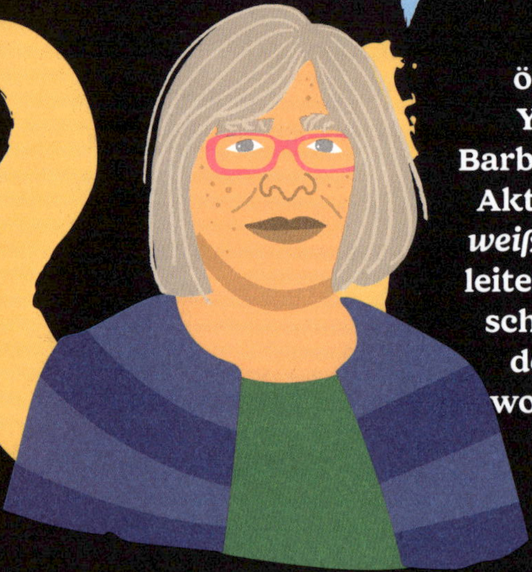

Über die Geburt ihrer Tochter in einer öffentlichen Klinik in New York im Jahr 1970 erzählt Barbara Ehrenreich, Autorin und Aktivistin: „Ich war die einzige *weiße* Patientin in der Klinik. Sie leiteten meine Wehen ein, weil es schon spät am Abend war und der Arzt nach Hause gehen wollte. Ich war wütend. Diese Erfahrung machte mich zur Feministin.“

„Gesundheitsversorgung als Menschenrecht, das bedeutet, dass jedes Kind, egal wo es geboren ist, Zugang zu einer College- oder Berufsschulausbildung haben sollte, wenn es sich dafür entscheidet, und ich denke, dass kein Mensch obdachlos sein sollte, wenn wir öffentliche Strukturen und eine öffentliche Politik haben können, die es den Menschen ermöglicht, ein Zuhause und Essen zu haben und ein würdiges Leben zu führen.“
—Alexandria Ocasio-Cortez, jüngste US-Kongressabgeordnete

„Inspiriert von dem ramponierten Exemplar des Buches ‚Our Bodies, Ourselves‘ meiner feministischen Mutter aus der zweiten Welle, machte ich mich auf den Weg, um eine Gruppe von Autor*innen und Freiwilligen zu versammeln, die die gleiche Art von umfassender Community-Ressource von und für trans Menschen schaffen könnten, wie sie vom *Boston Women's Health Collective* geschaffen worden war.“
—Dr. Laura Erickson-Schroth, Ärztin und Herausgeberin von „Trans Bodies, Trans Selves“

„Institutionalisierter Rassismus hindert uns daran, den richtigen Zugang zu den Gesundheitsdiensten zu erhalten, die wir brauchen, und das schon vor der Geburt. Institutionalisierter Rassismus sagt uns immer wieder, dass wir nicht wichtig sind, dass wir keine mächtigen Menschen sind, dass wir weniger sind als andere, dass wir uns immer mehr anstrengen müssen als alle anderen, dass wir mehr kämpfen müssen, dass wir mehr tun müssen. Das sind Barrieren. Aber trotz dieser Barrieren überwinden wir sie und bewegen uns als eine Gruppe von Menschen weiter nach vorne, genau dorthin, wo wir hingehören.“
—Byllye Avery, Leiterin des US-Gesundheitswesens

EINE VISION DER GESUNDHEIT

Als ich etwa drei Jahre alt war, wurden bei meinem rechten Auge ein unterentwickelter Sehnerv und eine schlechte Muskelbewegung diagnostiziert. Kurz darauf wurde ich auf einem Auge für erblindet erklärt. Viele Jahre und stressige Praxisbesuche später erfuhr ich, dass ich mit einem angeborenen Grauen Star geboren worden war und mehrere Operationen benötigen würde.

Auch heute noch ist mein linkes Auge größtenteils stark, aber mein rechtes kann nur Formen, Farben und Helligkeit wahrnehmen und hat trotz der Entfernung des Grauen Stars einen blinden Fleck auf einer Seite. Dieses Auge bricht mir das Herz, seit meiner Familie gesagt wurde, es sei „abnormal". In einer Welt, die für Menschen mit einer Sehkraft von 20/20 geschaffen wurde, navigierte ich mich mit einem anderen Blickwinkel durch den Alltag. Obwohl ich verstand, dass nichts „repariert" werden musste, damit ich mich komplett, würdig oder intakt fühle, half es nicht, als ich begann, mich aufgrund meiner Behinderung mit Missverständnissen, Vorurteilen und echten institutionellen Hindernissen auseinanderzusetzen.

Meine Ängste verstärkten sich, als ich in die Schule kam und die Leute anfingen, mich nach meinem Auge zu fragen, das leicht schielt (besonders, wenn es müde ist). Mir drehte sich der Magen um, wenn andere Kinder mein „Schielen" und die sehr modischen Accessoires, die mir dafür verschrieben worden waren, kommentierten. Da waren die Augenklappe, die ich immer tragen sollte, um meine Sehkraft zu stärken – eine in schwarz, die mich meiner Meinung nach wie eine Kinderpiratin aussehen ließ, und eine grässliche „hautfarbene" Version, die für *weiße* Menschen gedacht war, einem Pflaster ähnelte und mit meiner dunkelbraunen Haut kollidierte –, und eine viel gehasste Brille mit dicken Rändern in Kaugummi-Rosa. Das war kein schöner Anblick und eine Tatsache, an die ich von meinen Klassenkamerad*innen nicht erinnert werden musste.

Zu Hause wurde ich unterstützt und umsorgt, aber meine strebsame Familie fürchtete den Anschein von Faulheit mehr als Mobbing. Die wichtigste Anweisung, die sie mir in Bezug auf meine Augen gaben, war, sie nicht als Ausrede zu benutzen, um nicht zu brillieren. Durch Beobachtung ahmte ich **erhöhte Wachsamkeit** als eine Überlebenstechnik nach, die, wie ich jetzt weiß, häufig aus dem Erleben von Traumen durch systemische Ungerechtigkeit entsteht, einschließlich Behindertenfeindlichkeit, Rassismus, Heterosexismus, Trans- und Fettfeindlichkeit. Aufgrund von Stigmatisierung, Scham und greifbaren Ängsten vor Hindernissen auf dem Weg zur Gleichberechtigung drängte ich mich ständig dazu, bei allem, was ich tat, besonders hart zu arbeiten, selbst wenn es Zeit war, sich auszuruhen oder um Hilfe zu bitten.

Basierend auf den Botschaften, die ich zu Hause hörte, und dem, was ich in den Medien aufnahm, war mein Antrieb wie das, was Olivia Popes Vater in einer meiner Lieblingsserien, *Scandal*, zu ihr sagt: „Du musst doppelt so gut sein wie sie, um die Hälfte von dem zu bekommen, was sie haben", wenn du eine Schwarze Frau – oder in meinem Fall eine Schwarze Frau mit einer Behinderung – bist, die in einer Welt erfolgreich sein will, die nicht immer empfänglich für dich ist.

„Du musst doppelt so gut sein wie die anderen, um die Hälfte von dem zu bekommen, was sie haben."

Ich habe unvorstellbar lange gebüffelt und trotzdem keine glänzenden Noten in Geometrie erhalten, anstatt zuzugeben, dass ich länger für die Lösung von Matheaufgaben brauche als die meisten Menschen. Ich habe jeden Fehler oder jede durchschnittliche Note als Zeichen der Niederlage angesehen. Wenn ich gute Leistungen erbrachte, machten wohlmeinende Familienmitglieder oder Lehrkräfte oft Kommentare wie: „Wow, sieh dir an, was du alles mit [füge hier irgendeine akademische Leistung ein] geschafft hast. Stell dir vor, was du mit zwei perfekten Augen machen könntest" – ohne zu wissen, dass mich genau dieser Gedanke – mir würde etwas fehlen – quälte.

Ich trug selten meine Alltagsbrille, die für mich eine große, hässliche Erinnerung an meinen Unterschied zu anderen Menschen darstellte. Trotz meiner besten Bemühungen konnte ich meine **Monokularität** nicht bis zur Nichtexistenz ignorieren. Ich fühlte mich beschämt, wenn ich gegen eine Wand stieß, die ich nicht sah, einen Fremden auf der Straße anrempelte oder ein Detail bei einer Aufgabe übersah, weil es mir zu peinlich war, zuzugeben, dass ich die Tafel nicht sehen konnte. Ich konnte den Unterschied zwischen dem Eingestehen der Gegebenheiten und dem Sich-nicht-genug-Anstrengen nicht ausmachen.

Während dieser Zeit erkannte ich, dass ich ein kompliziertes Verhältnis zu meinem Körper besaß und zu häufige Erfahrungen mit überwiegend cis-männlichem und mehrheitlich *weißem* Gesundheitspersonal machte, das oft meine Meinung untergrub, sobald ich über die erlebten Schmerzen und ihre Auswirkungen auf mein Leben sprach. Gegenüber Freund*innen und meiner Familie setzte ich ein tapferes und unbefangenes Gesicht auf und ich fand Trost in Büchern, die in der feministischen Gesundheitsbewegung, auch bekannt als Frauengesundheitsbewegung, der 1960er- bis 1980er-Jahre entstanden.

Schließlich vertraute ich meiner Mutter an, dass ich meinen Körper als einen Verrat empfand, sowohl wegen meines Auges als auch wegen einer quälenden Menstruationsstörung namens Endometriose (die mein cis-männlicher Arzt als „mild" bezeichnete). Sie stellte mir Bücher wie „Our Bodies, Ourselves" vom *Boston Health Collective* sowie Broschüren des Teenager-Programms von *Planned Parenthood* und das *Black Women's Health Project* vor, um mich zu einem besseren Verständnis und einer besseren Verbindung zu meinem eigenen Körper und den gemeinsamen Erfahrungen anderer zu führen. Sie schenkte mir nicht nur Fachbücher und Ressourcen, sondern nahm mich auch mit zu Veranstaltungen der Gehörlosenbewegung mit Kolleg*innen aus ihrer Arbeit als Sprachpathologin und füllte meine Regale mit Büchern der feministischen Autorin Alice Walker, um mir zu helfen, die Vielfalt der Behindertengemeinschaft zu feiern und zu schätzen, zu der ich mich noch nicht zählte.

Von meiner Mutter erfuhr ich, Walker stünde auf „Mamas Lehrplan", weil sie wollte, dass ich die Geschichte einer anderen Schwarzen Frau aus den Südstaaten kennenlerne, um mich mit ihr zu identifizieren, deren Erfahrung, auf einem Auge blind zu sein, das Bewusstsein meiner Mutter für ihren eigenen Wert inmitten rassistischer, klassistischer und sexistischer Verhältnisse in unserer Gesellschaft prägte. Vor allem aber wollte sie, dass ich erfahre, wie diese Erfahrungen Walkers Schreiben und ihre Fähigkeit, die Welt mit einer visionären feministischen Perspektive zu „sehen", beeinflussten.

Ich wusste nicht, dass meine Mutter, lange bevor ich die erste „Endo Warriors"-Facebookgruppe oder das erste Online-Forum über meine Erkrankung fand, die feministischen Rahmenbedingungen der Selbstbestimmung, der **Bewusstseinserweiterung** und des Respekts für die körperliche Autonomie nutzte, um mich zu einem gesünderen Ort zu führen.

Obwohl sie nicht viele Worte verwendete, verstand sie, was ich durchmachte, und wollte mir die Werkzeuge an die Hand geben, die ihr geholfen hatten zu verstehen, dass sie Teil einer gemeinsamen Erfahrung und nicht ihr Körper das Problem ist, sondern das ungerechte System, das ihr das Gefühl gibt, anders oder „weniger" zu sein.

Trotz dieser Selbstreflexion zahlte ich für die jahrelange Verleugnung einen hohen Preis. Auf dem College antwortete ich mit abgehackter Selbstverständlichkeit, wenn ein*e neue*r Mitbewohner*in mich neugierig fragte, warum mein Auge vor dem Schlafengehen träge wurde, und sprach meine Behinderung nur an, wenn ich gezwungen war, bei Tests um zusätzliche Zeit zu bitten. Nach meinem Abschluss spielte ich das Problem weiter herunter, so gut ich konnte. Dann endlich, vor einigen Jahren, nachdem ich jahrzehntelang Stress aufgesogen hatte, führte mein Körper eine regelrechte Meuterei: Auf einmal überkamen mich körperliche Müdigkeit, Nahrungsmittelallergien, Autoimmunkrankheiten, Magen-Darm-Beschwerden und mehr. Alarmierenderweise begann die Sehkraft meines „guten" Auges zu schwinden. Ich war gezwungen, eine Pause einzulegen. Nicht, dass es einfach gewesen wäre: Es war demütigend und erschreckend, zum ersten Mal in meinem Leben mit Terminen in Verzug zu geraten oder Treffen mit Freund*innen ausfallen zu lassen. Außerdem hatte ich meine Fähigkeit, einfach zu SEIN, zerstört, indem ich viel zu lange viel zu viel TUN musste. Es war an der Zeit, die Machtdynamik eines Systems und einer Gesellschaft zu untersuchen, die meinen Wert durch meine Fähigkeit, zu produzieren und „fit" und „stark" zu sein, definiert, anstatt meinen inneren Wert zu honorieren.

Das war der Weckruf, den ich brauchte, um endlich ärztliche Hilfe aufzusuchen, nachdem ich fast 30 Jahre lang den Praxisbesuch so gut es ging vermieden hatte. Der erste Arzt, den ich aufsuchte, bestätigte alles, was mir an diesen Besuchen nicht gefiel. Unter anderem sagte er, jemand mit meinem Zustand verdiene nicht die zusätzliche Zeit für standardisierte Tests, die ich benötige, um gut abzuschneiden. Offenbar sei es nicht fair gegenüber Menschen mit „echten Lernbehinderungen", wie er es ausdrückte, jemandem wie mir zusätzliche Privilegien einzuräumen, bloß weil ich über nur ein funktionierendes Auge verfüge. Es tat mir in der Seele weh, mich so verletzlich zu machen, nur um dann mit meinen Unsicherheiten konfrontiert zu werden. Ich fühlte mich genauso wie in der Highschool, als ich mich überanstrengte, um „perfekt" zu sein, ohne zu merken, dass ich damit die Lebenskraft aufzehrte, die ich brauchte, um meine Ziele zu verwirklichen. Schließlich fand ich einen Arzt, der mich mit Menschlichkeit und Freundlichkeit behandelte, mehr noch, ich fand endlich den Mut, mich mit meiner Behinderung auseinanderzusetzen.

Mikroaggressionen können sich wie eine Million kleiner Papierschnitte anfühlen, die sich zu hässlichen Narben mit anhaltendem Juckreiz verbinden. Aber sobald ich in der Lage war, die Trägheit der Stigmatisierung zu überwinden, nahm ich meine Behinderung als eine meiner vielen Identitäten an, die mein Leben prägen. Feminismus ist wie Behinderung kein Schimpfwort, und doch wurde es aufgrund der Stigmatisierung oft auf diese Weise bezeichnet. Wenn ich mich jetzt vor den Klauen des Stigmas fürchte, stelle ich mir vor, wie ich 2004 bei einer Spendenaktion für *Planned Parenthood* die Nacht durchtanzte, mit der ikonischen Rocksängerin Joan Jett als Hauptdarstellerin, während sie sang: „I don't give a damn about my bad reputation, you're living in the past, it's a new generation." Das war nur eine Stunde, nachdem sie als „wütende, männerhassende Feministin" angeschrien worden war, als eine der jungen Leute, die das Banner bei dem Protestmarsch mit einer Million Menschen für das Leben der Frauen in Washington, D.C., trugen.

Trotz der Stimmen unserer Neinsager*innen, die versuchten, uns mit ihrem Gebrüll kleinzumachen, war ich in diesem Moment mächtig. Ich wollte, dass alle, die sich jemals über mein Auge lustig gemacht hatten, mich wahrnahmen, wie ich mich in einer Masse aus anderen Körpern vorwärtsbewegte, mit all ihren Narben und eigenen Geschichten, die in ihrer Haut und ihrem Gedächtnis eingebrannt sind. Dort war ich mit den Stimmen und Geschichten unzähliger Namen und Gesichter verbunden, die für reproduktive Gerechtigkeit und die umfassende Gesundheitsversorgung marschierten, die sie verdienten, in all den verschiedenen Formen und Gestalten, in denen sie auftauchten.

„I don't give a damn about my bad reputation, you're living in the past, it's a new generation."

WERDE AKTIV!

Ist Feminismus gut für deine Gesundheit? Nimm dir einen Moment Zeit, um über die folgenden Szenarien und Überlegungen zur Gesundheitsversorgung nachzudenken.

- *Die Politik des Schmerzes: Wusstest du, dass Frauen im Gegensatz zu cis Männern mit größerer Wahrscheinlichkeit an chronischen Schmerzen leiden, seltener eine wirksame Schmerzbehandlung erhalten und statistisch gesehen in den Notaufnahmen der Krankenhäuser weniger ernst genommen werden? Studien aus den USA zeigen, dass Schwarze Patientinnen mit 40 % geringerer Wahrscheinlichkeit Medikamente zur Linderung akuter Schmerzen und Latinx-Patientinnen mit 25 % geringerer Wahrscheinlichkeit eine wirksame Schmerzbehandlung erhalten als weiße Patientinnen in Notaufnahmen. Hast du persönliche Erfahrungen mit Schmerzvorurteilen? Warum glaubst du, dass Schmerzen, die von Menschen mit Rassismus-, Sexismus-, Cissexismus- oder Klassismuserfahrungen erlebt werden, häufiger vorkommen und häufiger ignoriert werden?*

- *COVID-19-Ausbruch: Warum glaubst du, dass die anfänglichen Bemühungen, COVID-19 zu bekämpfen, in Nationen erfolgreicher waren, die von Frauen geführt wurden, einschließlich Neuseeland, Finnland und Deutschland? Wie hat sich deiner Meinung nach toxische Männlichkeit auf den Umgang mit dem Coronavirus in Ländern ausgewirkt, in denen es ein Geschlechtergefälle in der Regierung gibt? Im Jahr 2020 forderten die meist älteren und männlichen Mitglieder der Academie Française, die den Gebrauch der französischen Sprache berät, die Menschen auf, COVID-19 nicht mehr mit männlichen Artikeln zu bezeichnen, sondern das Coronavirus als weiblich zu betrachten. Was hältst du davon? Wie beeinflusst die Sprache (egal, in welcher Sprache), wie wir über Gesundheit und unser Verhältnis zu ihr denken?*

- *Gesundheitsfürsorge ist ein Menschenrecht: Wird die Gesundheitsfürsorge (die gesamte Gesundheitsfürsorge, einschließlich der reproduktiven Gesundheitsfürsorge für Menschen aller Geschlechter, Altersgruppen und Fähigkeiten) in deinem Land als ein Menschenrecht behandelt? Wenn ja, weißt du, wie zugänglich eine umfassende, altersgerechte Gesundheitsversorgung für die am meisten gefährdeten und ausgegrenzten Menschen in deiner Umgebung ist? Wer wird innerhalb des Gesundheitssystems, in dem du dich derzeit befindest, benachteiligt? Wer profitiert von dieser Struktur? Was ist deine Vision, wie die Gesundheitsversorgung weltweit gewährleistet und gehandhabt werden sollte? Was könnten Schulen tun, um eine bessere und sinnvollere Gesundheitsversorgung anzubieten, damit sich alle dazugehörig fühlen und unterstützt werden?*

„Sich um sich selbst zu kümmern, ist keine Selbstgefälligkeit, es ist Selbsterhaltung, und das ist ein Akt der politischen Kriegsführung.“
—Audre Lorde, feministische und *womanistische* Autorin, Bibliothekarin und Aktivistin

KAPITEL ZEHN

Wohlbefinden

„Selbstfürsorge muss in all unseren Bemühungen miteinbezogen werden. Und das ist etwas Neues. Diese ganzheitliche Herangehensweise an das Organisieren ist das, was uns letztendlich auf die Spur bringen wird, die zu einigen Siegen führen kann.“
— Angela Davis, Aktivistin, Philosophin und Wissenschaftlerin, darüber, wie sich der Aktivismus seit den 1960er- und 1970er-Jahren verändert hat

„Es wurde ihnen beigebracht, gehorsam zu sein. Nicht, wie in der Therapie Heilungsprozesse ausgelöst werden."
—Dr. Jennifer Mullan, Therapeutin und Gründerin von *Decolonizing Therapy*

„Bitte priorisiere deine Selbstfürsorge, während du dich mit dieser Arbeit beschäftigst. Benutze es nicht als Ausrede, um die Arbeit nicht auf substanzielle Weise zu tun, aber ehre gleichzeitig dich selbst und die verschiedenen Gefühle, die um deine Identitäten herum auftauchen."
—Layla Saad, antirassistische Autorin, Sprecherin und Lehrerin

„Ich lerne, mich auf generationsübergreifende Konflikte einzulassen, Nein zu sagen, meine Grenzen zu spüren, mir Zeit zu nehmen, meinen Herzschmerz zu fühlen, sobald er auftaucht, – durch das Leben in Amerika, durch zwischenmenschliches Trauma oder Trauer, durch Bewegungsverluste."
—Adrienne Maree Brown, Autorin und Genuss-Aktivistin

DIE MAGISCHE HEILUNG

Was bedeutet das Wort „Wellness" für dich? Viele Menschen verstehen Wellness als einen einfachen Zustand des Wohlbefindens, der Sicherheit und des Aufblühens in Körper, Geist und Seele. Für andere ist Wellness dadurch definiert, dass wir persönliche Entscheidungen treffen, um für uns selbst zu sorgen, ohne den Einfluss von anderen oder äußeren Faktoren. In einer Welt, in der uns ständig gesagt wird, wir müssten unseren Körper „entgiften", als wäre er von Natur aus giftig, unser Essen „bereinigen", als wäre es irgendwie schmutzig, uns zu ernähren oder unsere wahren Gefühle zum Schweigen zu bringen und sie mit ausschließlich „positiven" Worten und Gedanken zu maskieren, ist es wichtig für uns, herauszufinden und zu begreifen, wie sich Wohlbefinden und Fürsorge anfühlen und aussehen.

Je nachdem, wer du bist, wo du lebst und wie sich deine Identität zu Macht und Privilegien in deiner Gemeinschaft verhält, kann sich die politische Natur dieser Worte verhalten, aufgeladen haben oder irgendwo dazwischen bewegen. Ich bin eine langjährige Mitstreiterin der Wellness-Bewegung als eine der vielen Frauen, Mädchen und nicht-binären Menschen, die mit chronischen Krankheiten leben und vom medizinischen Establishment nicht angemessen behandelt werden. Wie viele andere hat mich meine Suche nach tieferer Empathie, Fürsorge und mitfühlender, umfassender Betreuung dazu gebracht, nach alternativen Möglichkeiten zu suchen,

um die Behandlungen zu unterstützen, die ich in vielen medizinischen Einrichtungen erhielt, in denen meine Schmerzen oder meine Bedenken über den dokumentierten Zusammenhang zwischen Herkunft, wirtschaftlichem Status und Geschlecht nicht ernst genug genommen wurden.

In einem Klima, in dem es von „Frauen-Empowerment"-Kampagnen von Unternehmen oder falschen feministischen Wellness-Kampagnen nur so wimmelt, wird „Wellness" oft als ein Produkt oder Ideal verkauft, das Einzelne erreichen kann, wenn sie die Ressourcen besitzen, „erfolgreiche" Menschen zu sein. Daher ist es wichtig, dass wir in der Lage sind zu unterscheiden, welche Produkte, Botschaften und Dienstleistungen wirklich helfen und welche den Schmerz, den wir bereits erleben, verstärken. Glücklicherweise stellt uns der intersektionale Feminismus die Theorien zur Verfügung, die wir brauchen, um unser eigenes Verständnis von Wohlbefinden zu entwickeln und zu überlegen, welche Art von Unterstützung wir benötigen und warum in einem Spannungsfeld einer Gesellschaft und eines Gesundheitssystems, das noch einen weiten Weg vor sich hat, um inklusiv, schützend und unterstützend für alle zu sein, die Pflege und eine Anpassung an Behinderungen und Fähigkeiten notwendig sind.

Zu oft verstärken die Anzeigen, durch die wir auf Instagram und TikTok scrollen, die wir an der Bushaltestelle lesen oder in Podcasts hören, die Idee, Glück, Heilung und Gesundheit seien etwas, das wir erreichen können, wenn wir härter

arbeiten, mehr Geld ausgeben, uns selbst der Nahrung berauben, nur positive Gedanken hegen und aussprechen oder „es vortäuschen, bis wir es schaffen“. Diese Botschaften sind so alltäglich, dass wir beginnen, uns selbst als Problem wahrzunehmen, das gelöst werden muss, statt als Menschen, die in einer Welt leben, die durch Ernährung, Umweltgerechtigkeit, Bildung, umfassenden Zugang zu medizinischer Versorgung und Gerechtigkeit auf allen Ebenen verändert werden muss.

Als ich anfing, mehr über Feminismus zu lesen und zu lernen, begann ich zu verstehen, dass sowohl Selbstfürsorge als auch Gemeinschaftsfürsorge für unsere Arbeit und unser Leben unerlässlich sind. Obwohl meine Reise mit diesem Konzept vor langer Zeit begann, wurde es während eines Treffens mit intersektionalen Feministinnen an der *City University* in New York im Jahr 2019 gestärkt.

Als ich mich mit Glory Edim, der Schöpferin des *Well-Read Black Girl*-Buchclubs, der -Anthologie und des -Festivals, und mit den Schwarzen feministischen Wissenschaftlerinnen Alexis Pauline Gumbs, Christen Smith und Bianca Williams zu einem Gespräch über „Agency + Care: The Power of Black Women Reading“ traf, hätte ich nicht erwartet, dass mir unser Gespräch noch monatelang im Gedächtnis bleiben würde. Wenn ich jetzt darüber nachdenke, war es eine Art Medizin oder Balsam, die bzw. der mir half, über die Macht des persönlichen und gemeinschaftlichen Wohlbefindens auf neue und kraftvolle Weise nachzudenken und sie zu priorisieren.

In einer Diskussion darüber, wie Autorinnen wie Octavia Butler, Toni Morrison und Claudia Rankine uns als Leserinnen, Schriftstellerinnen, Aktivistinnen und Wahrheitsverkünderinnen durch ihre visionären Bücher und Weisheiten inspiriert haben, feierten wir, wie die Praxis und die Tradition des Schreibens und der Bewusstseinserweiterung Schwarzer Frauen die Erfahrung der Selbstfürsorge und der Gemeinschaftsfürsorge ermöglichten, indem sie sich in einer Welt, in der unsere Geschichten oft zum Schweigen gebracht, untergraben oder an den Rand gedrängt werden, auf ihren Buchseiten widerspiegeln.

Obwohl unser generationenübergreifendes Treffen in dem Universitätsgebäude stattfand, in dem ich arbeitete, nahmen auch Menschen aus der Öffentlichkeit an unserem Gespräch teil und versammelten sich mit uns in einem Kreis des gemeinsamen Geschichtenerzählens.

Nachdem wir in einen lebhaften Dialog darüber eingetreten waren, wie uns der Einblick in das Leben und die Arbeit Schwarzer Frauen als Erzieherinnen, Schöpferinnen und Suchende dabei halfen, unseren Blick auf eine inklusive und gerechte Zukunft zu richten und zu versuchen, uns den Weg dorthin zu ebnen, erörterten wir, warum die Kraft des individuellen und gemeinschaftlichen Lesens für Schwarze trans und cis Menschen in einer Verlagslandschaft, in der nur fünf Prozent der Branche Schwarz sind, so heilsam ist.

Als wir uns in die Diskussion stürzten, feierten wir die Widerstandsfähigkeit unserer Vorfahr*innen und beklagten gleichzeitig die Herausforderungen, denen sie sich als Schwarze Autor*innen, Schöpfer*innen und Wissenschaftler*innen innerhalb von Strukturen gegenübersahen, die darauf aus waren, ihre Stimmen und ihre Macht zu unterdrücken. Nachdem wir einen triumphalen gemeinsamen Appell aussprachen an die bahnbrechenden Führungsfrauen of Color, die das Gebäude, in dem wir uns befanden, viele Jahre zuvor beehrt hatten, stand eine Zuschauerin auf und stellte sich vor uns Podiumsteilnehmerinnen auf das Podest.

„Es ist schön, dass wir das Leben dieser mächtigen Vorfahr*innen feiern. Aber wir müssen uns fragen, warum es keine von ihnen bis zu ihrem 70. Geburtstag geschafft hat.“

Ich werde nie die liebevollen, eindringlichen Worte vergessen, die sie sprach, während sie auf die wunderschönen Collagen zeigte, die Alexis Pauline Gumbs zu Ehren unserer verstorbenen literarischen Vorfahrinnen Audre Lorde, June Jordan, Octavia Butler und Lorraine Hansberry angefertigt hatte.

Während sie sich ein paar Strähnen ihrer langen, tiefschwarzen Dreadlocks hinter die Ohren zog, sagte sie besorgt: „Es ist schön, dass wir die Liebe dieser mächtigen Vorfahr*innen feiern. Aber wir müssen uns fragen, warum es keine von ihnen bis zu ihrem 70. Geburtstag geschafft hat. Was können wir tun, in dem Wissen, dass die Systeme, in denen wir leben, nicht dafür geschaffen sind, dass wir gedeihen oder gar überleben, wie Audre Lorde sagte, um sicherzustellen, dass alle von euch und uns jetzt und in der Zukunft versorgt, unterstützt und geschützt werden?“ Nach dem, was sich wie eine erdrückende Stille anfühlte, stockte die Luft im Raum, bevor wir wieder ausatmen konnten. Meine Handflächen waren schweißnass, als ich an meine Mutter dachte, die in der gleichen Zeit wie viele meiner Held*innen geboren worden war und zu früh an einem Krebs verstarb, der Frauen of Color und besonders Schwarze Frauen in erschreckendem und unnachgiebigem Ausmaß tötet.

Plötzlich dröhnte der Raum vom Widerhall der Zustimmung. Viele Menschen sprachen auf einmal im Chor, als sie alle zu einer Stimme verschmolzen: „Ja, Schwester. Ja, danke, dass du dich um uns kümmerst und uns liebst. Das ist es, wofür wir kämpfen, dafür, dass wir hier sind, und für eine Welt, in der auch du ein langes und erfülltes Leben leben kannst und wirst. Danke, dass du uns daran erinnerst, warum wir hier sind."

In einer Gesellschaft, die versucht, uns Produkte zu verkaufen, die als magische Lösungen für die Strukturen getarnt werden, die unsere offene und gleichberechtigte Teilhabe in der Arbeitswelt, den Medien, der Politik und darüber hinaus einschränken, traf ihre Botschaft wie ein Hammer den Nagel auf den Kopf. Die brennende Wahrheit ihrer Worte bohrte sich in mich hinein und erinnerte mich an die Art und Weise, wie die Sätze der ehemaligen *Black Panther* Assata Shakur in meine Haut eingedrungen waren, als ich sie in der Highschool las.

„Es ist unsere Pflicht, für unsere Freiheit zu kämpfen. Es ist unsere Pflicht, zu gewinnen. Wir müssen einander lieben und uns gegenseitig unterstützen. Wir haben nichts zu verlieren außer unserer Ketten."

JETZT MAL KLARTEXT: FINDE PASSENDE PSYCHOLOGISCHE HILFE
Stigma bekämpfen und Unterstützung finden

Hast du dich auch schon einmal so gefühlt, als würdest du in einem Spiegelkabinett leben? Mein zweites Jahr am College war eine der stressigsten Zeiten meines Lebens. Ich erlebte einen albtraumhaften Zusammenbruch nach einer Trennung und entwickelte schwere und chronische gesundheitliche Probleme; in der Zwischenzeit war ich Vollzeit in der Schule und arbeitete in zwei Jobs.

Obwohl ich dafür bekannt war, in der Regel eine fröhliche und optimistische Person zu sein, fühlte ich mich, als würde ich ständig einen Sack Ziegelsteine auf meinem Rücken tragen. Ich verlor in diesem Jahr zehn Kilo, und das ohne Absicht. Ich hörte nicht auf, zu meinen Kursen zu gehen, aber immer, wenn ich nicht lernte oder arbeitete, weinte oder schlief ich.

Zu allem Überfluss fühlte ich mich für mein Gefühl schrecklich schuldig, denn ich hatte das Privileg, in einer sicheren und schönen Universitätsumgebung zu leben. Zu dieser Zeit verstand ich nicht, wie mich der sexistische und rassistische Druck der „Superfrau" und der „starken Schwarzen Frau", zu deren Einhaltung ich oft gedrängt wurde, innerlich auffraß. Zuerst versuchte ich, mit meinen Freund*innen und meiner Familie über meine Gefühle zu sprechen, aber sie waren schnell frustriert von meiner endlosen Verzweiflung und der Tatsache, dass keine ihrer Ratschläge oder Ermahnungen zu helfen schienen, also hörte ich auf, meine Traurigkeit anderen gegenüber zu erwähnen, und zog mich tiefer in das dunkle Loch in meinem Herzen zurück.

Ich probierte einen Haufen Dinge aus, von denen mir die Leute sagten, sie würden helfen: Bewegung, Meditation, Beten, Selbsthilfebücher, pflanzliche Präparate. Nichts funktionierte. Die einzige Erleichterung, die ich bekam, war der Schlaf, denn zumindest, wenn ich schlief, musste ich nichts spüren.

Als ich eines Wintertages aufwachte und feststellte, dass ich 14 Stunden geschlafen hatte, einen ganzen Unterrichtstag lang, wurde mir klar, dass es wirklich schlimm geworden war. Verzweifelt sprach ich mit meinem Vertrauenslehrer über meine Situation. Er empfahl mir, mich an die Beratungsstelle der Schule zu wenden.

Nun ist es so, dass ich von einem Vater erzogen worden war, der glaubte, Therapie sei nur etwas für Menschen mit „ernsten Problemen" (z. B. einer Persönlichkeitsstörung oder der Überwindung eines schweren Traumas oder Missbrauchs), und der, wie viele afroamerikanische Männer seiner Generation, die psychische Versorgung stigmatisierte (aus einer Vielzahl von Gründen). Er wuchs im segregierten US-amerikanischen Süden auf, in einer Gesellschaft, die Schwarze als geistig minderwertig ansah, sodass der Druck, sich als kompetent, stark und ohne Probleme zu präsentieren, hoch war. Er lehrte mich, im Angesicht von Widrigkeiten um jeden Preis widerstandsfähig zu sein. Er forderte mich stets dazu auf, meinen Sinn für Tapferkeit zu entwickeln, was dazu führte, dass ich das Wort oder seine Erwähnung bis heute verabscheue.

Für meinen Vater war psychische Krankheit ein Charakterfehler – ein Zeichen von Schwäche. Als ich ihm gegenüber meinen Stress und meine Traurigkeit erwähnte, sagte er mir, ich sei „überempfindlich" und meine Probleme seien „Luxusprobleme". Er ermutigte mich, öfter in die Kirche zu gehen, meine Gaben zu schätzen und härter zu werden. Schlimmstenfalls wurde ich „hysterisch" genannt, weil ich diese Art von verharmlosenden Bemerkungen zurückwies, 50 Jahre nachdem die *American Medical Association* den Begriff fallen gelassen hatte, der seit 1900 v. Chr. zur Pathologisierung der Weiblichkeit verwendet worden war.

Manchmal, obwohl er die besten Absichten hatte, fragte Dad mich, was ich tat, um die Probleme in meinem Leben zu provozieren, die oft systemisch waren. Später, als ich seine Mutter (meine Großmutter) etwas Ähnliches sagen hörte, wurde mir klar, dass so viel von dieser Art von Rhetorik weitergegeben wird, ohne einen Gedanken daran zu verschwenden, zu welcher Art von Schmerzen diese unempathischen Worte im Verstand und Geist eines anderen Menschen werden können.

Als mir mein Vertrauenslehrer vorschlug, eine Therapiesitzung wahrzunehmen, sagte ich ihm, dass ich nicht „verrückt“ sei, sondern nur „einen vorübergehenden menschlichen Rückschlag erlebe“, und es mir nicht gefalle, dass er meine Situation pathologisierte, die nur Stress sei und keine „Depression“. Er schrieb leise die Nummer der Beratung auf ein Post-it, klebte es auf meinen Schreibtisch und verließ den Raum.

Ich verbrachte die nächste Stunde damit, auf die Nummer zu starren und das Für und Wider einer Therapie abzuwägen. Schließlich dämmerte mir, dass Beten und „Durchhalten“ bei mir offensichtlich nicht funktionierten und dies die einzige Option war, die mir blieb. Ich hörte die Worte in meinem Kopf: Dieser Schmerz kann jetzt aufhören, ruf einfach an – und das tat ich. Kaum hatte ich den Termin vereinbart, ging es mir schon etwas besser. Ich beschloss, etwas für mich selbst zu tun, was gegen alles ging, was mir je beigebracht worden war. Es war eine der ersten „erwachsenen“ Entscheidungen, die ich zu meinen eigenen Bedingungen traf, und ich war stolz auf mich, dass ich sie getroffen hatte. Dies war mein erster Schritt, mich wieder wie ich selbst zu fühlen.

Als ich in der Beratungsstelle ankam, war ich nervös. Ich schaute mich im Raum um, und als ich eine Person aus meinem Französischkurs bemerkte, wäre ich fast wieder hinausgerannt. Aber dann wurde mein Name aufgerufen, und ich in das Büro der Therapeutin geführt. Das Erste, was ich mir in jedem Raum ansehe, sind die Bücherregale, und ich bemerkte, dass in ihrem Bücher über Feminismus und Diversität in der Hochschulbildung standen, was mir etwas Vertrauen gab. Dann fragte die Therapeutin: „Wie fühlen Sie sich?“ Und zum ersten Mal hatte ich das Gefühl, nicht mit meinem üblichen „Gut, danke“ antworten zu müssen, sondern erzählen zu können, was WIRKLICH los war.

Ihre restlichen Fragen waren ähnlich simpel, offen und nicht wertend: „Wie fühlen Sie sich dabei?“, „Wodurch fühlen Sie sich unterstützt?“, „Wie würde es sich für Sie anfühlen, wenn es Ihnen besser ginge?“. Das waren Dinge, die ich mich nicht einmal selbst gefragt hatte, und die Beantwortung dieser Fragen in diesem Büro brachte mich in Kontakt mit meinen Gedanken und Gefühlen, die ich seit einem Jahr in einer Schublade verstaut hatte. Anders als Freund*innen und Familie es zu tun pflegten, antwortete sie nicht mit Ratschlägen oder Vorwürfen, sondern nahm meine Erfahrungen mit Mitgefühl zur Kenntnis. Anstatt zu versuchen, meine Probleme zu lösen, hörte sie mir zu. Das war unglaublich ermutigend. Es ist jetzt ein Jahrzehnt her, dass ich meine erste Therapeutin im *Campus Center* getroffen habe. Ich muss leider sagen, dass ich mich heute nicht einmal mehr an ihren Namen erinnere. Sie gab mir die Werkzeuge an die Hand, die ich brauchte, um stärkere Grenzen in meinen Beziehungen zu setzen und gesündere Wege der Stressbewältigung zu entwickeln.

Durch die Therapie lernte ich, anzuerkennen, dass Depressionen, Angstzustände und psychische Probleme real sind und wir alle ein Recht auf medizinische Versorgung haben, so wie wir es bei jedem anderen gesundheitlichen Problem auch hätten. Wenn du dich fragst, ob du es „verdienst", zur Therapie zu gehen, oder ob deine Probleme „schlimm genug" sind, um dir dieses Recht zu geben, dann frage dich, ob du dich das auch fragen würdest, wenn du dir den Knöchel gebrochen oder eine Bronchitis hättest.

Ich neige dazu, intersektionale „feministische Therapeut*innen" aufzusuchen, die einen ganzheitlichen, beziehungsorientierten und kontextbezogenen Ansatz vertreten. Feministische Therapeut*innen untersuchen Macht innerhalb und außerhalb der Therapiebeziehung. Sie erkennen an, wie Patriarchat, Klassismus und Rassismus ihre Branche prägen und Diagnosen und Methoden beeinflussen.

Feministische Therapie entstand aus der Zweiten-Welle-Bewegung als ein Ansatz, der von dem Sprichwort „Persönlich ist politisch" angetrieben wird. Ich fand feministische Therapeut*innen, die mir gefielen, indem ich nach Anbieter*innen in meiner Gegend suchte, die einen Hintergrund in Spiritualität, Kunsttherapie und der Arbeit mit ehemaligen Migrant*innen und Gemeinschaften of Color haben. Ich half Freund*innen und Familienmitgliedern dabei, Therapeut*innen zu finden, die sich speziell auf die Unterstützung von LGBTQIA+, religiösen Menschen, Menschen mit Fluchterfahrung, Menschen mit Traumata, Menschen mit Behinderungen und BIPoC-Adoptivkindern spezialisiert haben.

Es kann zwar einige Zeit dauern, bis du deine*n perfekte*n Ansprechpartner*in findest, aber es gibt da draußen eine Person, die dir helfen kann, die dich unterstützt, ohne deine Probleme kleinzureden, dich falsch einzuordnen oder dich mit rassistischen Unterstellungen zu überhäufen. Und es lohnt sich, die Zeit und Mühe auf sich zu nehmen, um diese Person zu finden, die dich „versteht" und unterstützt, so wie du bist.

Wenn es nach mir ginge, würden alle Zugang zu intersektionaler Therapie bekommen, wann immer es gewollt ist! Wenn du dich sicher fühlst, deinen Eltern zu sagen, dass du Unterstützung brauchst, können sie dir helfen, herauszufinden, was innerhalb deiner Ressourcen und deines Budgets möglich ist.

Wenn eine Versicherung oder staatliche Unterstützung nicht infrage kommt und/oder du nicht in der Lage bist, Hilfe von deinen Eltern zu bekommen, wende dich an die Schulberatung – die meisten von ihnen haben Zugang zu Listen von Orten, an denen du eine preisgünstige oder bezuschusste Versorgung erhältst. Einige Universitäten haben Trainingsprogramme, die kostengünstige Unterstützung bieten. Es ist besonders wichtig, dass du, wenn du unter 18 bist, mit jeder Beratung ganz klar über Finanzierungs- und Betreuungsmöglichkeiten sprichst sowie über deren Bedingungen und Richtlinien für Vertraulichkeit und elterliche Zustimmung. Die Gesetze zur elterlichen Benachrichtigung und Zustimmung variieren je nach Land. Bevor du also in einer Therapie irgendetwas erzählst, frage, was deinen Eltern und/oder den Behörden gemeldet werden muss und was auf jeden Fall gemeldet wird. Du musst auch überlegen, wo du dich befindest und wie du zu und von deinen Sitzungen kommen wirst. Ich habe einmal eine Therapeutin kennengelernt, die ich sehr mochte, aber ihre Praxis lag sehr weit von meinem Arbeitsplatz entfernt und sie nahm keine Termine nach meiner Arbeitszeit an. Da die pünktliche Anreise zu meinen Sitzungen mein Leben zusätzlich stresste, wechselte ich zu einer Person in meiner Nähe. Heilung und insbesondere Therapie sollten eine gesunde, unterstützende Erfahrung sein, nicht eine, die noch mehr Ärger in deinem Leben verursacht.

GEDANKEN ÜBER WELLNESS

• Die globale Wellnessbranche umfasste im Jahr 2018 einen Markt von 4,5 Billionen US-Dollar. Initiativen zur Gewichtsabnahme und „gesunden Ernährung" machten mehr als 700 Milliarden US-Dollar dieses Sektors aus.
— *Global Wellness Institute*

• Menstruation ist ein Menschenrechtsthema, dennoch werden Menstruation und Menschen, die menstruieren, weltweit stigmatisiert. Scham, Stigma und falsche Vorstellungen über die Periode führen zu vermehrter Ausgrenzung, Gewalt, Armut, Gesundheitsproblemen, Kinderheirat und Geschlechterdiskriminierung.
— *United Nations Population Fund*

• Eine Untersuchung in den USA ergab: Frauen, die an Autoimmunkrankheiten wie Fibromyalgie, an Depressionen, Endometriose und anderen chronischen Krankheiten leiden, sind in höherem Maße von Krankheit betroffen als cis Männer. Die körperlichen Beschwerden von Frauen werden oft als psychologisch und nicht als physiologisch bedingt abgetan.
— *Prevention Magazine*

• Trans Menschen in den USA erleben viele gesundheitliche Ungleichheiten sowie Stigmatisierung, Diskriminierung und mangelnden Zugang zu qualitativ

hochwertiger Versorgung. Dazu gehören geschlechtergerechte Sanitäranlagen, das Bereitstellen eines Feldes auf Formularen und mehr Geschlechtsoptionen für trans und nicht-binäre Menschen sowie die Verwendung einer geschlechtergerechten Sprache bei der Frage nach der sexuellen und Beziehungsgeschichte der Partner*innenschaft.
— *American Medical Student Association*

• Bis zu 20 % der Frauen im Globalen Süden leiden unter Angstzuständen und/oder depressiven Störungen, sobald sie Einrichtungen der medizinischen Grundversorgung aufsuchen. In den meisten dieser Einrichtungen werden die Patientinnen nicht medizinisch behandelt.
— Weltgesundheitsorganisation *(WHO)*

• Rund 80 % der 50 Millionen Menschen, die von gewaltsamen Konflikten, Bürger*innenkriegen, Katastrophen und Vertreibung betroffen sind, sind Frauen und Kinder. Mindestens eine von fünf Frauen erlebt in ihrem Leben eine Vergewaltigung. Jeder dieser Faktoren hat Auswirkungen auf die Gesundheit und das Wohlbefinden der betroffenen Menschen.
— *WHO*

• Frauen wird oft nicht geglaubt und ihre Probleme werden verharmlost. Besonders wenn sie dick oder fett sind, werden ihre gesundheitlichen Probleme meist auf ihr Körpergewicht zurückgeführt. Die Gewichtsdiskriminierung im Gesundheitswesen hat seit 1995 um 66 % zugenommen, besonders bei Frauen.
— *AMA Journal of Ethics*

WERDE AKTIV!

• *Was ist deine Definition von Wellness? Wie bist du zu dieser Idee gekommen? Zeichne eine Zeitleiste deiner Gedanken über Wellness im Laufe der Zeit, seit du fünf Jahre alt bist. Was hast du gelernt?*

• *Das Konzept von Corporate Wellness ist in unserer Gesellschaft teuer. Was denkst du, was das mit Kolonialismus zu tun hat? Mit Rassismus? Sexismus? Klassismus? Wirtschaftlichem Status?*

• *Wie willst du Wellness in den nächsten zehn Jahren verstehen und verkörpern?*

• *Was ist ein Schritt, den du heute, in dieser Woche und in diesem Monat tun kannst, um für dich zu sorgen, und der nichts kostet?*

• *Was bedeutet Gemeinschaftsfürsorge für dich? Was könntest du tun, um die Gemeinschaftsfürsorge reichhaltiger zu gestalten?*

„Männer können sich in der patriarchalischen Gesellschaft nicht selbst lieben, wenn sich ihre Selbstdefinition patriarchalischen Regeln unterwirft. Wenn Männer feministisches Denken und eine feministische Praxis annehmen, die den Wert des gegenseitigen Wachstums und der Selbstverwirklichung in allen Beziehungen betont, wird sich ihr emotionales Wohlbefinden verbessern. Eine echte feministische Politik bringt uns immer von der Unfreiheit zur Freiheit, von der Lieblosigkeit zur Liebe."
—bell hooks, Autorin, Professorin, Feministin und soziale Aktivistin

„Die Vorstellung, Frauen sollten sich nicht um ihren persönlichen Erfolg kümmern – oder um die Arbeit, die sie dahin befördert –, ist unaufrichtig; es ist unmöglich, dass Frauen keiner Arbeit nachgehen, also ergibt es keinen Sinn, von ihnen zu erwarten, dass sie ihr Leben um das Heiraten herum strukturieren. Das wirkliche Versagen ist unsere gesellschaftliche Unfähigkeit, Frauen Raum zu geben, um außerhalb der traditionellen Vorstellungen von Weiblichkeit und Beziehungen zu leben und zu gedeihen. Schließlich können wir ohne Heirat essen, aber nicht ohne Arbeit."
—Samhita Mukhopadhyay, Schriftstellerin, Redakteurin und Sprecherin

„Verabschiede
dich von dem Mythos, alle
Freundinnenschaften müssten zickig,
giftig oder konkurrierend sein. Dieser
Mythos ist wie Absätze und Handtaschen
– hübsch, aber darauf ausgelegt, Frauen zu
VERLANGSAMEN."
—Roxane Gay, Autorin und
Wissenschaftlerin

KAPITEL ELF

Beziehungen

„Werde nicht zu denen, die
dich verletzen. Bleibe sanft
mit deiner Macht."
—Chanel Miller, Schriftstellerin
und Künstlerin

„Du musst lernen, den Tisch zu
verlassen, wenn keine Liebe mehr
serviert wird."
—Nina Simone

EINE PERSÖNLICHE (HAAR-)GESCHICHTE: DIE BEZIEHUNG, DIE UNS (MANCHMAL) VERBINDET ... UND UNS HOFFENTLICH SPÄTER AUCH LEHREN WIRD

Als ich mich hinsetzte, um über meine längsten Beziehungen nachzudenken und darüber, wie sich meine Sichtweise daraus entwickelte, die sich dann im Laufe der Zeit veränderte, zog es mich zuerst zu meiner familiären Einheit.

Ich wuchs in einer Familienstruktur auf, die aus zwei cisgeschlechtlichen und heterosexuellen Eltern und einem Kind besteht und in den Vereinigten Staaten und an vielen Orten der Welt als Ideal gefeiert wird. Ich wuchs in dem auf, was in den ersten 50 Jahren des 20. Jahrhunderts gemeinhin als **„Kernfamilie“** bezeichnet wurde. Noch vor 40 Jahren musste meine Mutter in der Schule oft abfällige und wertende Bemerkungen von anderen Eltern über ihre häufigen Geschäftsreisen über sich ergehen lassen.

Um die Kommentare noch unangenehmer zu gestalten, fragten einige Leute, warum wir unterschiedliche Nachnamen hätten, wobei sie ihren Geburtsnamen mit Bindestrich trug, weil es ihre persönliche Entscheidung war. Jahre später entschied ich mich, ihre Entscheidung, ihren Namen zu behalten, zu unterstützen, indem ich den Namen meines Partners komplett ablehnte, nachdem ich gelesen hatte, dass Frauen historisch gesehen die Namen von cis Männern als Zeichen des Besitzes annahmen. Ich konnte den Gedanken nicht ertragen, für die Änderung meines Namens zu bezahlen, da ich bereits, bevor wir uns trafen, Veröffentlichungen und ein ganzes Leben vorweisen konnte, an deren Gestaltung er nicht beteiligt gewesen war.

Obwohl mein Familienmodell aus der Kindheit in das passte, was als ideale Basis-Familieneinheit angesehen wurde, wusste ich, dass es anders aussah als in den meisten Familien, die ich kannte. Es machte mich stutzig, dass Lehrkräfte und manchmal auch Fremde meinen Vater dafür lobten, dass er bei meiner Familie blieb – als ob es irgendwie nicht zu erwarten wäre, dass ein Schwarzer Vater in unserem Leben präsent und aktiv war.

Mein Vater wuchs als Kind einer alleinerziehenden Mutter mit acht Kindern auf. Ich habe mich immer gefragt, warum arbeitende Mütter wie meine Großmutter im öffentlichen Diskurs als unnormal, ungesund oder unmoralisch angesehen wurden. Obwohl die Familie, die sie gründete, nicht wie die Strukturen aussah, die in meinen Lieblings-Sitcoms hochgehalten wurden, war ihr Zuhause immer voller Liebe und Lachen.

Damals war ich mir der weit verbreiteten und lang anhaltenden Wirkung des rassistischen, aber einflussreichen Moynihan-Reports (1965) nicht bewusst, der die Wurzeln und das Andauern der Schwarzen Armut in den Vereinigten Staaten auf Familien mit alleinerziehenden Müttern als Hindernis für sozialen, kulturellen, wirtschaftlichen und politischen Fortschritt zurückführte. Heute ist die beständige und drohende Präsenz dieser Art von Gerede immer noch in den Botschaften einiger rechter Wahlkampfplattformen und Nachrichtensendern präsent, die Familien, die nicht in ein traditionell akzeptiertes, spezifisches, heteronormatives, Zwei-Eltern-und-Kinder-Narrativ passen, stigmatisieren. Da so viele der Medienbotschaften, die ich über Schwarze Familienstrukturen und speziell über Schwarze Mutterschaft aufnahm, verzerrte Versionen der Realität waren, die ich erlebte, beobachtete ich für mich selbst, was ich als die Schlüsselzutaten für gesunde Beziehungen verstand: Respekt, Gegenseitigkeit, Vertrauen, Kommunikation, Empathie, Einvernehmlichkeit und die Wahrhaftigkeit. Beziehungen müssen nicht perfekt sein oder in einer bestimmten Form ablaufen. Aber sie müssen von geteilter Macht und Zustimmung getragen sein, um für alle Beteiligten gleichberechtigt, befreiend und gesund zu sein, egal ob sie **monogam**, **polyamourös**, sexuell, **asexuell** oder etwas dazwischen sind. Diese Schlüsselwerte waren alles Dinge, die ich lernte zu stärken, zu kultivieren und einzufordern – nicht nur von anderen Menschen, sondern vor allem innerhalb meiner Beziehung zu mir selbst und zu anderen.

Beziehungen müssen nicht perfekt sein oder in einer bestimmten Form ablaufen. Aber sie müssen von geteilter Macht und Zustimmung getragen sein, um für alle Beteiligten gleichberechtigt, befreiend und gesund zu sein, egal ob sie monogam, polyamourös, sexuell, asexuell oder etwas dazwischen sind.

Vor vielen Jahren entdeckte ich, dass eine meiner längsten und kompliziertesten Beziehungen die zwischen mir und meinen Haaren ist. Ja, meinen Haaren. Als ich vor über einem Jahrzehnt im *Rookie Magazine* über meine Geschichte schrieb, erkannte ich, dass die „persönliche Haargeschichte“ in Wirklichkeit eine Zeitlinie von Erfahrungen ist, die ich gemacht hatte, um zu lernen, wie ich eine gesunde Beziehung zu mir selbst und zu anderen aufbauen kann – und wie ich Grenzen setzen kann gegenüber Freund*innen, Fremden, Feind*innen, Familienmitgliedern und Partner*innen, deren Verhalten und toxische Konditionierung mehr verletzte als half und mehr schadete als nützte.

Jahrzehntelang war ich in einer Reihe von Mustern „eingesperrt“, die zu überwinden ich noch nicht bereit war. Als ich begann, mehr über Feminismus zu lernen, wurde ich mir meiner eigenen Beziehung zur Macht bewusster, meiner Nähe zu Privilegien und darüber, wie sehr ich von dem gesellschaftlichen Druck beeinflusst wurde, mich unmöglichen und zerstörerischen Schönheitsidealen anzupassen, die darauf abzielen, eine begrenzte Version von *weißer*, blonder, dünner und wohlhabender Schönheit aufrechtzuerhalten und zu feiern, um gesellschaftliche „Wertigkeit“ zu erlangen.

Ich würde gerne behaupten, ich wäre in der Lage, mich von toxischen Beziehungen oder abwertenden Situationen zu lösen … aber das ist einfach nicht wahr. Zu lange glaubte ich, selbst das Problem zu sein, das behoben werden muss, weil ich nicht hineinpasste, wodurch ich mich irgendwie weniger würdig für Liebe, Unterstützung oder Mitgefühl fühlte, ohne mich beweisen oder buchstäblich ändern zu müssen, um Akzeptanz zu erlangen. Ich bin nicht einfach eines Tages aufgewacht und habe die Dinge so gesehen, wie ich sie heute sehe.

Es begann vor Jahren, als ich in meiner früheren Heimatstadt, Washington, D.C., mit der U-Bahn fuhr. Ich werde nie vergessen, wie ich mich fühlte, als ich einem jugendlichen Paar, das mir gegenübersaß, in die Augen sah. Ich lächelte sie an und schaltete meinen iPod ein. Ein paar Minuten später spürte ich, dass sie über mich sprachen. Zu den Klängen von Nina Simone hörte ich, wie ein Schwarzes Highschool-Mädchen mit chemisch geglättetem Haar ihrem Partner sagte, sie hätte gerne Dreadlocks, wie ich sie habe. Daraufhin warf ihr Freund ihr einen scharfen Blick zu, rollte mit den Augen und schnauzte: „Wirklich? Dreads sind schrecklich, schmutzig und hässlich – besonders an Mädchen. Du hast ‚gutes Haar‘. Wenn du bei mir bleiben willst, dann bleib hübsch und trage dein Haar glatt.“ Das Mädchen kicherte ängstlich und warf einen Blick auf meinen iPod, um sich zu vergewissern, dass ich ihr Gespräch nicht belauschte, bevor sie ihm versicherte: „Ich habe nur Spaß gemacht. Ich werde mein Haar ordentlich tragen." Ich drehte die Lautstärke hoch und nahm einige tiefe Atemzüge, um meine Wut zu regulieren. Wussten sie eigentlich, wie hasserfüllt sie sich anhörten? Als sie Hand in Hand aus dem Zug stiegen, bekämpfte ich den starken Drang zu schreien: „Triff dich nicht mit ihm, Mädchen!" Ich wünschte, ich könnte sagen, dies wäre das erste Mal gewesen, dass ich eine solche Art von Gespräch mitbekam, doch das war es nicht. Ich höre schon mein ganzes Leben lang Variationen davon. Als eine im Süden der USA geborene Afroamerikanerin, die überwiegend *weiße* Internate besuchte, bin ich mit Sexismus, Rassismus und Colorism, was die Haltung der Menschen zu Schwarzem Haar prägte, bestens vertraut. Fremde, Freund*innen, Familie und Ex-Liebhaber versuchten mein ganzes Leben lang, mir ein schlechtes Gewissen wegen meiner Haare zu machen. Das hat auch eine lange Zeit funktioniert. Eines Tages beschloss ich jedoch, mein Selbstwertgefühl nicht länger davon abhängig zu machen, wie ich nach Ansicht anderer Leute auszusehen habe. In meinen schmerzhaftesten Momenten spiele ich das Video meiner eigenen Erinnerungen ab und wünsche mir, ich wäre für mich selbst eingestanden oder hätte mich geweigert, schädliches Verhalten als Indikator für meinen Selbstwert oder meine Wertschätzung zu akzeptieren. Aber ich würde lügen, wenn ich dir vorenthielte, dass ich, wie viele von uns, limitierende Narrative aus den Medien und einigen der bonbonfarbenen, verträumten Teenie-Magazine, die ich las, aufgesogen habe. Auch wenn ich von starken Werten sprach und für die Wahrheit eintrat, gab es doch einen starken Teil in mir, der nach Zugehörigkeit schrie, um geliebt zu werden.

„Niemand ist dein*e Freund*in, der*die dein Schweigen verlangt oder dein Recht auf Wachstum verweigert."
– Alice Walker

Obwohl es oft schmerzhaft war, machte mich der Kampf, mein Haar zu lieben, zu der, die ich heute bin, und dafür bin ich dankbar. Es lehrte mich auch, wie ich meine Beziehung zu anderen und zu mir selbst einschätzen kann. Bevor ich lernte, was Alice Walker uns auf kluge Weise lehrte: „Niemand ist dein*e Freund*in, der*die dein Schweigen verlangt oder dir dein Recht auf Wachstum verweigert", strebte ich zu sehr danach, dazuzugehören, anstatt meine Andersartigkeit und mein authentisches Selbst als meine ganze und totale Wahrheit anzunehmen, unabhängig von den Vorstellungen oder Illusionen anderer Menschen darüber, wer ich zu sein habe, um ihre eigene enge Geschichte über das Leben, die Welt, über Macht, Geschlecht, Sexualität oder Herkunft zu bewahren.

So lief es ab:

Als ich geboren wurde, hatte ich so wenig Haare, dass meine Eltern mir ein rosa Stirnband auf den Kopf setzten, damit die Leute wussten, dass ich ein Mädchen war. „Zum Glück hat sie jetzt Haare“, sagte meine Großmutter, „sie war ein glatzköpfiges kleines Etwas. Wir waren besorgt, dass ihr Haar nie wachsen würde.“

Ich fragte meine Mutter, warum meine Haare nicht in Zöpfen herumhüpften. Meine Mutter sagte mir, meine Haare könnten zwar nicht schwingen, aber viele andere Dinge tun, und dass ich stolz darauf sein sollte.

Auf der Weihnachtskarte meiner Familie war ein Bild von mir mit Steppschuhen, meinem paillettenbesetzten Tanzkostüm, einem breiten Grinsen und einem riesigen sandfarbenen Afro zu sehen. Ich weiß noch, wie meine Eltern das Bild aufgenommen hatten. Wenn ich jetzt daran denke, wird mir klar, dass dies einer der letzten Momente in meinem Leben war, in dem ich mich völlig selbstbewusst und frei fühlte, völlig unwissend über Mainstream-Schönheitsideale oder die Probleme anderer Leute wegen meiner Haare.

Wir zogen aus unserer mehrheitlich afroamerikanischen Gegend in South Carolina weg und ich kam in die Grundschule an einer mehrheitlich *weißen* internationalen Schule. Als ich es leid war, „Medusa“ genannt zu werden, weil die Enden meiner Braids geflochten und mit bunten Perlen verziert waren, die ich liebte, bat ich meine Mutter schließlich darum, mein Haar zu einem einfachen französischen Zopf zu flechten.

Ich ignorierte sie und verbrachte meine Tage damit, mit einem Handtuch auf dem Kopf durch das Haus zu rennen und so zu tun, als hätte sich mein kurzer Afro in lange, wallende Locken verwandelt. Meine Mutter ermahnte mich, mir nicht den Hals zu brechen, wenn ich mit meinen „Haaren" herumwirbelte wie die *weißen* Mädchen im Fernsehen, und überwachte sorgfältig das Verhältnis zwischen meinen *weißen* Barbies und den Schwarzen, asiatischen und Latinx-Puppen in meiner Sammlung.

Meine Eltern hatten ihre eigenen Afros seit den 1970er-Jahren kultiviert und waren besonders sensibel, wenn es darum ging, mich vor Medienbotschaften abzuschirmen, die ein *weißes* Schönheitsideal verstärkten. Als sie erkannten, dass ich negative Wahrnehmungen gegenüber meinen eigenen Haaren aufnahm, erhielt ich eine Geburtstagstorte, die mit *Rainbow Brite* (einer *weißen* Cartoon-Puppe) verziert war – nur mit brauner Haut. Außerdem schenkten sie mir ein Exemplar von Camille Yarbroughs Buch „Cornrows", um mich zu ermutigen, stolz auf meine Herkunft zu sein. Ich liebte das Buch, weil es mich an meine ursprüngliche Stilikone, meine Mutter, erinnerte, die wunderschön geflochtene Frisuren trug und sie dann entwirrte, um wunderschöne Wellen zum Vorschein zu bringen, die ich bewunderte.

1988

In der Turnhalle stellten wir uns auf, um Square Dance zu lernen. Ich wurde mit einem schlaksigen blonden Jungen aus Neuseeland gepaart, der sagte, er wolle eine neue Partnerin, und zwar keine mit „Zuckerwattehaaren". Meine Wangen brannten, als meine Klassenkamerad*innen lachten. Die Lehrerin reagierte, indem sie mich schweigend von dem Jungen wegführte und mir stattdessen ein anderes Mädchen als Tanzpartnerin zuwies.

Später am Nachmittag schlich ich mich ins Badezimmer, um meine Afro-Puffs in der Hand zu halten. Waren sie wirklich wie Zuckerwatte? Mein Haar fühlte sich so wunderbar federnd in meinen Händen an – warum sollte das etwas Schlechtes sein?

Ein paar Tage später fragte ich meine Mutter, ob ich einen „Baby-Relaxer" – ein chemisches Mittel, um Afrohaare und Locken dauerhaft zu glätten – von der Kinder-Dauerwellenlinie „Just for Me" bekommen könnte. Meine Mutter sagte, ich sei zu jung und müsse warten. Ehrlich gesagt, mochte ich mein Haar, weil es weich war und mich an den Afro meines Vaters erinnerte, aber ich war es leid, in der Schule ausgegrenzt zu werden. Ich nervte meine Eltern damit, meine Haare zu glätten, weil ich wie die anderen Mädchen aussehen wollte.

Während eines Familientreffens hörte ich, wie eine meiner älteren Cousinen meiner glatthaarigen, sonnengebräunten, lightskinned Großmutter zuflüsterte: „Es ist gut, dass Jamia sich gut ausdrücken kann und klug ist, denn im Vergleich zu ihren Cousinen sieht sie nicht besonders gut aus.“ Ich schaute in die Runde meiner Familie, sah diejenigen mit heller Haut und seidigem Haar und verglich es mit meinem dunkleren Hautton und dem krausen Kopf. Mein Gesicht wurde heiß vor Wut, aber ich weigerte mich, ihr die Genugtuung zu geben. Ich dachte mir: „Ich werde immer klug sein“, und beschloss, es als meinen Schutzschild anzunehmen. Trotzdem machte es mir zu schaffen. Ein paar Monate später gelang es mir, meine Mutter zu überreden, mir zu erlauben, meine Haare glätten zu lassen. Der chemische Relaxer verbrannte meine Kopfhaut und meine Locken. 30 Minuten später hatte ich endlich Haare, die schwangen, wenn ich den Kopf schüttelte. Aber es dauerte nicht lange, bis ich mich darüber ärgerte, dass es sich wieder kräuselte und die Pflege, die ich brauchte, um ins Schwimmbad zu gehen, mich daran hinderte, dem Schwimmteam beizutreten. Ich beschloss, mir Haarverlängerungen machen zu lassen. Bei all dem Ärger wünschte ich mir, ich hätte den Mut gehabt, meine Haare in Dreadlocks zu tragen wie meine Stilikone Lisa Bonet.

Unsere Familienfriseurin, Betty, sagte mir, ich hätte hübsche Augen wie Lisa „Left Eye“ Lopes (R.I.P.), und forderte mich auf, meine Mutter zu fragen, ob ich mit den geflochtenen Extensions aufhören und stattdessen meine Haare relaxen lassen könnte. Betty verpasste mir einen Pony, der zu dem von Left Eye passte, und zeigte mir, wie ich mein Haar glatt föhnen und nachts einwickeln sollte. Sie wies mich an, alle paar Wochen eine 60-Dollar-Auffrischung zu bekommen, damit keine „unordentlichen Haare“ meinen Look ruinierten. Obwohl ich Bedenken wegen der Kosten und des Zeitaufwands hatte, nahm ich ihren Rat an und sonnte mich in den Komplimenten, auch wenn sie als hinterlistige Kommentare über meinen natürlichen Look daherkamen. Ich werde nie vergessen, wie mich bei einer meiner ersten Verabredungen ein Mann ansah und sagte: „Wow, mit deinen glatten Haaren bist du fast wunderschön.“ Ich schnitt eine Grimasse und drehte mein Gesicht weg, als er versuchte, mich zu küssen. Ich fragte mich, was er von seinen eigenen gestutzten, krausen Locken hielt.

Mit 17 sparte ich Geld von meinem Praktikum und meinem Sommerjob und fuhr in die Stadt, um mir die Echthaartressen „hawaiianische Seide“ zu kaufen. Meine Internatsmitbewohnerinnen nannten die Frisur „Baywatch Barbie“, als hätte sie eine eigene Identität. Ich bemerkte, dass die Aufmerksamkeit, die ich von cis-hetero Jungs erhielt, in die Höhe schnellte. Es machte mich krank, dass Haare so einen Unterschied machten. Mochten diese Jungs mich oder nur mein falsches Haar? Ich wartete zu lange damit, das Haargeflecht herauszunehmen – ich wollte so viel wie möglich für mein Geld bekommen –, und als ich es dann tat, war es mit meinem Kopf verfilzt. Um es zu entfernen, musste ich Büschel meines echten Haares ausreißen, was meine Kopfhaut reizte. Langsam zog ich in Erwägung, den Krieg mit meinem natürlichen Haar zu beenden.

Mein erstes Studienjahr läutete ich mit frisch-geflochtenen Zöpfen und Extensions ein. Obwohl ich dachte, ich hätte meine Lektion mit dem Tressen-Debakel von 1997 gelernt, hatte ich Angst, meine Haare offen zu tragen, als ich zum College ging. Nach so vielen Jahren des Versteckens fühlte ich mich verletzlich, wenn ich es natürlich trug, und schuldig, weil ich die Vorstellung nicht verkraftete, wegen meines Aussehens ausgegrenzt oder verurteilt zu werden. Als Teil meines Kurses wurde mir ein Forschungsprojekt über das Thema Zensur in Schulen zugeteilt. Ich informierte mich über die Medienkontroverse um Carolivia Herrons „Nappy Hair“ – ein Kinderbuch, das natürliches Haar entstigmatisiert und feiert. Obwohl ich mich in der Schule leidenschaftlich dafür einsetzte, dass Herrons Buch trotz elterlicher Einwände in den Schulen unterrichtet werden sollte, war ich immer noch nicht mutig genug, mein eigenes Haar zu offenbaren (oder zu tragen!). Ich gab die Hälfte des Geldes, das ich verdiente, für Extensions aus, die stundenlang in meine Locken geflochten werden mussten, damit ich „präsentabel“ aussah.

Ein älterer Professor zog mich beiseite und sagte mir, mir stünde eine lange Karriere im Rundfunkjournalismus bevor, weil ich „wortgewandt“ sei und ein „junges Gesicht“ habe, das „eine längere Haltbarkeit als Reporterin“ garantiere. Aber er warnte mich auch, dass ich mit meinen Haaren in Braids niemals arbeiten könnte, und empfahl mir, darüber nachzudenken, meine Frisur zu ändern, damit sie besser zu den „professionellen“ Looks passte, die von anderen Schwarzen Frauen im Fernsehen getragen werden. Ich wollte mich nicht zwischen meinem Job und meinen Haaren entscheiden, also wechselte ich mein Hauptfach zu Print und schließlich zu Public Relations. Ich bedaure, wie sehr ich mir die Worte dieses Professors zu Herzen genommen habe, aber ich bin auch dankbar dafür. Diese Interaktion gab mir den Anstoß, meiner Leidenschaft, dem feministischen Medienaktivismus, nachzugehen.

Ich besuchte die Lesung der Feministin bell hooks im Vertigo Books Verlag, wo sie ihr Kinderbuch „Happy to Be Nappy“ vorstellte, eine wunderschöne Geschichte über Schwarze Mädchen, die ihre natürlichen Haarstrukturen feiern. Ich war hocherfreut zu sehen, dass BIPoC und *weiße* Kinder positive Worte benutzten, um „nappy“ Haar – eine negative englische Bezeichnung für Afrohaare – zu beschreiben. Dann entdeckte ich eine Online-Community für natürliches Afrohaar. Fünf Jahre lang sehnte ich mich danach, Dreadlocks auszuprobieren, aber meine Angst, verurteilt zu werden, hielt mich zurück – also gab ich alle paar Monate fast so viel Geld aus wie für meine Miete, um meine Haare machen zu lassen. In der Zwischenzeit klebte ich Bilder von Lisa Bonet und Lauryn Hill in mein Tagebuch, um mich selbst dazu zu inspirieren, das zu tun, von dem ich in meinem Herzen wusste, dass ich es tun musste – mein echtes Haar nicht länger zu verstecken.

Nachdem ich mich von meinem Freund getrennt hatte (der mir sagte, ich könnte keine kurzen Haare oder Dreadlocks tragen), schnitt ich alle meine Haare ab. Ich wusch mir den Kerl aus den Haaren, und Jahre des Selbsthasses und der rassistischen Konditionierung wanderten ebenfalls den Abfluss hinunter. Ich ging mit erhobenem Afrokopf durch die Stadt und liebte das Gefühl der Luft in meinem Nacken und die Leichtigkeit, keine falschen Haare mehr zu tragen. Als mein Haar länger wurde, tat ich, was ich schon seit Jahren tun wollte, und begann, es in Dreadlocks zu formen. Ich fragte mich, warum ich so lange gebraucht hatte. Mein Haar war gesünder als je zuvor, aber einige fragten noch immer, ob es sauber, echt oder unecht sei. Meine Oma, die stets die Haarpolizei anführte, fragte mich, ob sie mir 50 Dollar zahlen könne, damit ich mein Haar wieder „schön und normal" bügle. Während sie ihre Tendenz leugnete, gelegentlich Colorism oder das Vorhandensein ihres eigenen light-skinned Privilegs zu fördern, sagte sie Dinge wie: „Nun, du bist zwar dunkler als deine Mama geworden, aber wenigstens hast du halbwegs gutes Haar und schmale Gesichtszüge wie ich. Warum willst du es noch unordentlicher aussehen lassen, wo du es doch ganz einfach glätten könntest?"

Während ich mit der U-Bahn durch D.C. fuhr, spürte ich ein seltsames Ziehen. Ich drehte mich um und sah einen *weißen* Mann in einem Geschäftsanzug und mit einem selbstgefälligen Gesichtsausdruck hinter mir stehen. „Ich wollte schon immer mal solche Haare anfassen und habe mich gefragt, wie sie sich anfühlen", sagte er, ohne meinen Ekel zu bemerken. Ein paar Monate später flirtete ich mit dem umwerfend aussehenden, kahlrasierten Sohn eines Familienfreundes, als er fragte: „Trägst du dein Haar immer in Zöpfen oder **Locs**? Denkst du, du wirst es jemals ändern? Du bist so hübsch, also habe ich mich gefragt, ob es immer so bleiben wird – du könntest noch hübscher sein." Ich antwortete, indem ich mit den Augen rollte, lachte und schnippisch wurde: „Leute, die keine Haare haben, sollten Leuten mit Haaren nicht sagen, wie sie diese zu tragen haben." Da wurde mir klar, dass mein neuer Stil ein großartiger Kontrolltest war, um potenzielle Partner einzuschätzen. Wenn ein Mann versuchen würde, meine Haare zu ändern, würde er wahrscheinlich auch versuchen, mich auf andere Weise zu kontrollieren. Wenn er so oberflächlich war, mir vorzuschreiben, wie ich meine Haare zu stylen hatte, mangelte es ihm wahrscheinlich an der Tiefe, die ich in einem Partner suchte.

ICH LIEBE MEINE LOCKEN

Ich war auf dem Weg zu einem Kurs an der *NYU*, als ein Mann anfing, nach mir zu rufen. Als ich ihn ignorierte, begann er, mir ein Ständchen zu singen: „Du dreckige Dreads-Schl***e, oh dreckige Dreads." Ich ignorierte ihn in dem Moment, kehrte aber innerlich wütend in meine Wohnung zurück. Ich ging all die Dinge durch, die ich ihm am liebsten entgegengeschrien hätte, und fühlte mich dann schuldig, dass ich einem zufälligen Straßenbelästiger so viel von meiner kostbaren Zeit und Energie widmete. Ein paar Wochen später nannte der Radiomoderator Don Imus das mehrheitlich Schwarze Frauenbasketballteam der *Rutgers University* „nappy haarige Huren", und ich spürte wieder einmal das Gewicht der rassistischen Frauenfeindlichkeit, die unsere Straßen und unseren Hörfunk beherrscht.

Der fünfjährige Sohn einer Freundin sah mich mit großen blauen Augen an und fragte: „Mia, warum trägst du dein Haar so verrückt?" Ich zeigte auf sein gewelltes blondes Haar und antwortete: „Nun, warum trägst du dein Haar so verrückt? Ich liebe mein Haar." Er lächelte und sagte: „Ich liebe dein Haar auch." Ich sagte ihm, dass ich seine Locken auch liebe.

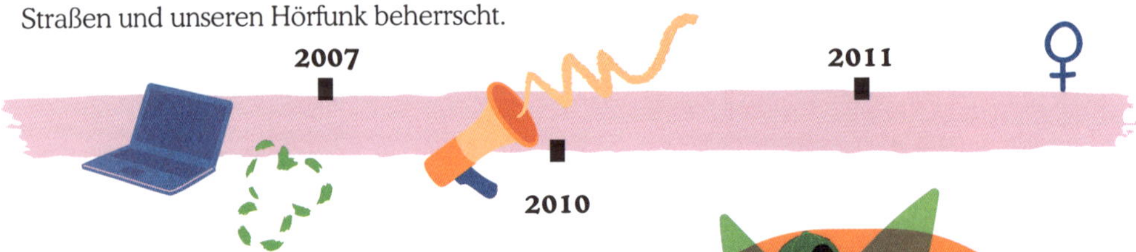

Als ich das naturbelassene, braunhaarige Muppet-Mädchen der Sesamstraße „Ich liebe meine Haare" singen hörte, sehnte ich mich nach einer solchen Melodie, die ich schon als Kind hätte summen können. Joey Mazzarino, der Chefautor der Sesamstraße, erzählte *NPR*, dass er das Stück produziert hatte, weil seine adoptierte äthiopische Tochter sich „lange blonde und glatte Haare wünschte und in der Lage sein wollte, damit herumzuwippen". Es machte mich traurig zu sehen, wie wenig sich für afroamerikanische Mädchen seit meiner Kindheit, in der ich mit einem Handtuch auf dem Kopf herumgelaufen war, geändert hatte, und ich war dankbar, dass dieser Mann seine Tochter ermutigte, ihr natürliches Haar zu lieben.

2012

Obwohl das Tragen von Dreadlocks heute mehr zum Mainstream gehört – auf den Straßen und im Fernsehen tragen mehr Menschen als je zuvor Dreadlocks –, erreichen mich immer noch tonnenweise Fragen zu meinem Haar von jungen Schwarzen Frauen, die darüber nachdenken, ihre Haare natürlich zu tragen. Die folgenden Fragen höre ich am häufigsten:

F: Also … wie lange hast du deine Locs schon?
A: Acht Jahre.
F: Sind das alles deine Haare?
A: Ja.
F: Kannst du deine Haare waschen?
A: Ja.
F: Es sieht sehr gepflegt aus. Bist du sicher, dass es keine Braids sind?
A: Ja. Es ist wirklich „gepflegt", und es sind keine Braids.
F: Kann ich sie anfassen?
A. Vielleicht, wenn ich dich mag. Wenn ich dich nicht mag, dann nicht.
F: Wonach fühlen sie sich an?
A: Wie Haare.
F: Tut es weh? (Wird oft gefragt, wenn ungefragt an einer meiner Locs gezogen wird.)
A: Nein. Aber schon, wenn fest daran gezogen wird, wie du es gerade getan hast.
F: Hattest du jemals Schwierigkeiten, einen Arbeitsplatz deswegen zu finden?
A: Nein, nicht, dass ich wüsste.

Obwohl ich diese Fragen immer noch ziemlich häufig bekomme, stört es mich heutzutage weniger, wie andere Menschen auf meine Haare reagieren. Die Welt hat sich nicht so sehr verändert, seit ich angefangen habe, mich mit meinem eigenen verinnerlichten Rassismus auseinanderzusetzen, aber ich habe meine Einstellung dahingehend geändert, dass ich meine Haare annehme, statt sie abzulehnen.

Es ist immer noch eine schwierige Entscheidung, aber heutzutage gibt es viele unterstützende und dynamische Online-Foren für Frauen, die ihre natürlichen Haare beibehalten oder tragen. Ich besuche solche Seiten immer wieder, um von den Erfahrungen anderer Frauen mit natürlichem Haar zu erfahren, denn ihre Geschichten geben mir Hoffnung, dass wir (langsam, aber sicher) besser darin werden, Schönheit in all ihren Facetten zu akzeptieren.

Die Zeiten, in denen meine Frisur mich definierte, sind vorbei, aber meine Haare erinnern mich an die Veränderungen, die ich durchgemacht habe, an das Wachsen und an den Schmerz. Meine fantastischen Dreadlocks stehen für meine hart erkämpfte Befreiung von den Erwartungen, dem Urteil, dem Selbsthass, der rassistischen und sexistischen Konditionierung. Dafür bin ich meinen Haaren dankbar. Heute trage ich sie, wie die Autorin (und meine ehemalige Redakteurin bei *Rookie*) Danielle Henderson auf ihrer Website schreibt, „bewusst natürlich". Und warum? Weil meine Locs eine ständige Erinnerung daran sind, wo ich herkomme und wie ich in meinen Beziehungen zu mir selbst und zu anderen gewachsen bin. Meine Haarreise brachte mir Selbst- und Gemeinschaftsliebe für mein kulturelles Erbe bei sowie, Grenzen zu setzen, Einvernehmen, mich selbst zu verwirklichen und (manchmal schmerzhaft und oft liebevoll) Menschen gehen zu lassen, die mein Wachstum nicht verstehen konnten. Ich habe mich entschieden, mich auf meine Beziehung zu meinen Haaren zu konzentrieren, weil ich herausfand, wie sehr etwas so scheinbar Einfaches wie meine Locs meine Beziehung zu Menschen in meiner Familie, auf der Arbeit, in einer Partnerschaft und darüber hinaus beeinflusst. Für mich ging es bei den Haaren um mein Verhältnis zur Macht, und es dauerte Jahre, bis ich dahinterkam, dass ich das Recht habe, selbst zu bestimmen, wie ich mit anderen umgehen möchte, anstatt einfach zu akzeptieren, wie sie ihre Erwartungen auf mich projizieren.

Meine Haargeschichte begann als Rebellion, um anderen zu beweisen, dass ich ihren Standards nicht entsprechen muss, um mich selbst zu lieben. Mit der Zeit erkannte ich, dass die wichtigste Beziehung, die ich zu heilen, zu fördern und zu nähren hatte, meine eigene war, um anderen die gleiche Würde, den gleichen Respekt, das gleiche Mitgefühl und die gleiche Akzeptanz entgegenzubringen.

WERDE AKTIV!

•Was hast du in deinem Leben schon über Beziehungen gelernt? Welche Rolle spielt Macht in deinen Beziehungen? Bei dir zu Hause, in der Schule und am Arbeitsplatz?

•Hat der Feminismus Einfluss darauf, wie du deine Beziehungen führst?

•Hat deine Familie beeinflusst, wie du über Beziehungen denkst? Wieso oder wieso nicht?

•Haben meine Erfahrungen mit Mobbing, Colorism oder Beschämung einen Einfluss auf dich? Hast du etwas Ähnliches erlebt? Was könntest du tun oder sagen, um diese Dynamik zu unterbrechen, wenn es wieder passiert?

•Was ist ein Schritt, den du diese Woche machen könntest, um eine unausgewogene oder ungerechte Machtdynamik in deinen Beziehungen anzusprechen? Gibt es Grenzen, die du setzen könntest? Ein Bedürfnis, das du erfüllt sehen möchtest? Einen Wunsch, den du gerne teilen würdest? Nimm dir etwas Zeit, um aufzuschreiben, was dir einfällt, und denke darüber nach, wie es sich anfühlen würde, wenn du diese Änderungen von den anderen Beteiligten verlangen würdest.

LEGENDÄRE ANFÜHRERINNEN UNTER 25

69 v. Chr. – Kleopatra, letzte Herrscherin des ptolemäischen Königreichs von Ägypten

1412 – Jeanne d'Arc, französische Heldin und Heilige

1945 – Sarah Weddington, Anwältin, die den Fall Roe v. Wade gewann, der die reproduktive Freiheit in den Vereinigten Staaten legalisierte

1995 – Weng Yu Ching, Aktivistin für LGBTQIA+-Rechte

1999 – Emma Gonzalez, Aktivistin und Verfechterin der Waffenkontrolle

2003 – Isra Hirsi, Umweltaktivistin

1759 – Mary Wollstonecraft,
Schriftstellerin, Herausgeberin,
Verfechterin des Feminismus

1930 – Lorraine Hansberry,
Dramatikerin und
Schriftstellerin

1996 – Tavi Gevinson,
Schriftstellerin, Herausgeberin,
Schauspielerin

1997 – Malala Yousafzai,
Nobelpreisträgerin

2003 – Greta Thunberg,
Umweltaktivistin

2004 – Autumn Peltier,
Wasserschützerin

2007 – Amariyanna
„Mari“ Copeny, „Little
Miss Flint“-Aktivistin

„Männliche Medienmacher haben sich so sehr an den Reichtum und die Entscheidungsgewalt gewöhnt, dass sie den Begriff der Gleichberechtigung zwischen den Geschlechtern einfach nicht mehr analysieren können. Sie haben nie die Welt verstanden, die sich Feministinnen tatsächlich vorstellen, in der Frauen und Männer die gleichen Bildungs-, Wirtschafts- und Berufschancen haben, frei von Missbrauch leben, ihre Sexualität voll ausleben können, ohne verurteilt oder unter Druck gesetzt zu werden, und in der Menschen ihr authentisches Selbst verwirklichen können."
—Jennifer Pozner, Medienkritikerin und Autorin

„Die meisten von uns glauben, Wissen sei Macht, aber nur Macht ist Macht. Macht kommt aus dem Besitz unserer Medien und unserer Geschichten. Das ist der Grund, warum ich für die Netzneutralität kämpfe – die Macht, unsere eigene Stimme im Internet zu kontrollieren."
—Malkia Cyril, Aktivistin für Mediengerechtigkeit und Dichterin

„Je mehr ich über
den ‚Schönheitsmythos‘
und die intensive Kontrolle über
das Aussehen von Frauen las, desto
mehr bemerkte ich, dass Frauen in
meinem Leben, über Generationen
hinweg, von dem Druck, schön
zu sein und zu konsumieren,
betroffen waren.“
—Elena Rossini,
Filmemacherin

KAPITEL ZWÖLF

Medien

„Frauen of Color wie Carol Jenkins,
die in den 1970er-Jahren in die
Mainstream-Nachrichtenredaktionen
kamen, haben uns einen großen Gefallen
getan. Dank ihnen sind im letzten Jahrzehnt
großartige Reporterinnen aufgetaucht wie
Rachel Swarns bei der New York Times, die
die Geschichte aufdeckte und herausfand,
dass die Georgetown University versklavte
Menschen verkaufte, um das Fortbestehen
der Einrichtung zu sichern.“
—Rinku Sen, Schriftstellerin, politische
Strategin und ehemalige Verlegerin

MEDIEN: WIE SIEHT'S AUS?

Einige bezeichnen die Medien als das mächtigste öffentliche Bildungswerkzeug unseres Lebens, als die „Augen der Welt". Für mich, die **monokular** und teilweise blind geboren wurde, ist das eine Metapher für mein eigenes Leben als Medienaktivistin, Medienmacherin und Mensch, die die Welt auf ihre eigene Art und Weise sieht, mit einem offenen Auge und einem objektivlosen (buchstäblich).

Als ich geboren wurde, sagte meine Urgroßmutter, ich hätte „hungrige Augen" – die gleiche Art von funkelnden Augen, die sie bei Babys sieht, die dazu bestimmt sind, schnelle, kluge und selbstbeherrschte Menschen zu werden. Meine Verwandtschaft erzählt, sie hätte allen geraten, sich bereitzumachen, weil ich „ein Feuerwerk" sein würde. Sie hätte in meine Augen gesehen und meine Seele erkannt, bevor ich mich selbst erkannte. Und zum Glück bin ich mit dieser Geschichte aufgewachsen, sodass ich mich darauf konzentrieren konnte – statt auf die andere, die ich zu oft hörte, dass meine Augen irgendwie weniger wert seien, weil ich mit einem „faulen Auge" mit einer Sommersprosse darauf, einem angeborenen Grauen Star und einem missgebildeten Sehnerv geboren worden war.

Meine Urgroßmutter hatte recht. Ungeachtet meiner visuellen Einschränkungen – und in vielen Fällen gerade deswegen – kann ich mein Leben und die Welt, von der ich ein Teil bin, klarer denn je sehen. Wenn ich mich aber auf die Medien verlassen würde und darauf, wie andere auf mich reagieren, weil ich nicht so aussehe wie das, was sie für „normal" oder „gesund" halten, hätte ich nie erfahren, dass an mir nichts kaputt ist oder „repariert" werden muss. Ich wünschte, ich hätte früher gelernt, dass die ungerechten Systeme, die nicht für alle funktionieren, das Problem sind und nicht wir, die nicht hineinpassen.

Wenn ich unaufgefordert sexistische Kommentare von cis Männern über mein Aussehen erntete, weil ich bei einem Fernsehauftritt von einer Brille auf Kontaktlinsen umgestiegen war, oder Empfehlungen für einen Augenarzt bekam, der mein Auge „begradigen" könnte, damit es weniger „ablenkt", dann erinnere ich mich daran, dass es dieselben Augen sind, in denen meine Urgroßmutter das Feuer der Neugier und des Mutes lodern sah.

Ich teile meine Geschichte und stehe zu ihr, weil Mädchen, Jugendliche, Menschen mit Behinderungen, Queere, LGBTQIA+ und BIPoC oft mit Geschichten gefüttert werden, die eine verkümmerte Definition von dem, was uns entspricht, vermitteln. Ich weiß aus erster Hand, dass die Verbreitung unserer Stimmen in den Medien ein Weg ist, die unterschiedlichen Gemeinschaften, die wir vertreten, sichtbar zu machen und dafür zu sorgen, dass unsere Erinnerung an unsere Vergangenheit inklusiver wird.

Allzu oft erhalten wir kulturelle, soziale und politische Botschaften, die uns sagen, unser Wert beruhe auf der Erfüllung eines engen Ideals und nicht auf unserer Fähigkeit, zu lehren, zu transformieren und Wandel zu bewirken. Einer der Gründe, warum ich es liebe, über vergangene Generationen zu lesen, ist, um auf Menschen zurückzublicken, die kühn und mutig genug waren, sich trotz großer Hindernisse zu äußern. Wenn ich an die Menschen denke, die sich auf ihr angeborenes Wissen verließen, werde ich daran erinnert, mein ganzes Selbst und meine Stimme zu schätzen, sie mit heiligem Eifer zu schützen und zu verteidigen und sie „intensiv zu lieben", egal wer mir sagt, ich sei nicht „genug" in einer Welt voller Frauenfeindlichkeit, Behindertenfeindlichkeit, Fettfeindlichkeit, Rassismus, Queerfeindlichkeit und Transfeindlichkeit.

Wie bei allen anderen auch ist meine Geschichte eine lange Reise voller Irrungen und Wirrungen, Fragmentierungen und Widersprüchen. Wie Baby Suggs in einem meiner Lieblingsbücher „Beloved" schreibt, gelten viele der Botschaften, die ich immer noch erhalte und, ja, öfter, als mir lieb ist, auch selbst denke: „Sie lieben diesen Körper nicht oder diese Stimme."

Sie – die Online-Mobber*innen, die Medien, das Konstrukt der Modeindustrie und die Werbetreibenden – verachten manchmal „meine Meinung und meinen Körper", da sie versuchen, jeden Tag in meinen Verstand einzudringen und mir das Gefühl zu geben, ich sei wegwerfbar, ersetzbar und weniger wert, aber ich schreibe trotzdem und ich spreche trotzdem – weil ich wirklich glaube, dass, **wenn wir uns nicht selbst definieren, es andere tun werden.**

In einer Medienwelt, in der nur drei Prozent der Führungspositionen weiblich sind, in der Wikipedia hauptsächlich von cis Männern mit College-Abschluss bearbeitet wird und in der BIPoC stark unterrepräsentiert sind, fühle ich mich dazu berufen, die Wahrheit aufzuzeichnen und zu ehren, um Erfahrungen ans Licht zu bringen, die andernfalls ignoriert, stigmatisiert oder unter dem Deckmantel des Schweigens belassen werden würden.

Mein ganzes Leben lang erfuhr ich, wie Medien unsere Selbstwahrnehmung und die unseres Körpers beeinflussen. Ich erinnere mich daran, wie ich aufwuchs und meine Eltern sich beim Abendessen zu mir setzten, um mich zu „deprogrammieren", wenn ich meine Haare glätten wollte, damit ich einen Pferdeschwanz wie die seidenhaarigen *weißen* Schauspielerinnen im Fernsehen

haben kann anstelle eines Afro-Puffs. Ich fragte mich, warum ich in Saudi-Arabien, wo ich aufwuchs und sehen konnte, dass einer der größten Exporte Amerikas eine toxische Körperkultur war, wo ich erfuhr, dass meine Freund*innen in der Nachbarschaft Diäten machten, um wie die meist *weißen* US-amerikanischen und europäischen Fernsehstars auszusehen, ihre Haut mit Cremes blichen, ihre Haare mit Sun-In platinblond färbten und reisende Kumpels baten, ihnen aus den Sommerferien in den Vereinigten Staaten Diätpillen mitzubringen.

Erinnerst du dich, dass ich erzählte, dass ich, als ich aufs College ging, entschied, meinen Schwerpunkt auf Public Relations statt auf Rundfunkjournalismus zu legen? Das habe ich zum Teil getan, weil mich die Botschaft eines alten, *weißen* Medienprofessors erschreckte, der sagte, ich müsse meine Haare glätten, um in den Medien ernst genommen zu werden.

Im Wesentlichen wurde mir gesagt, ich müsse mein authentisches Selbst verändern, um vor der Kamera zu stehen, weil meine Meinung in meinem natürlichen Körper keine Rolle spielte. Heute weiß ich, dass ich nicht auf seine ablehnende Haltung hätte hören sollen, aber als diese Interaktion stattfand, begriff ich, dass die Medien unser Verständnis davon prägen, wer wir sind und wie wir sein sollten. Und das war eine Lektion, die mich zu meiner heutigen Arbeit als feministische Medienaktivistin und professionelle Geschichtenerzählerin geführt hat.

Wir leben in einer Wirklichkeit, in der es einen Mangel an Geschichten von und über Frauen in der Presse gibt, in denen wir nur 24 % der Zeit im Mainstream der Rundfunk- und Printmedien zu sehen, zu hören oder zu lesen sind. Das Problem ist, dass Frauen in den Medien „wie Ornamente und nicht wie Instrumente behandelt werden", wie meine Freundin, die feministische Autorin und Organisatorin Gloria Steinem, sagt. Das führt dazu, dass wir, vor allem BIPoC, Menschen mit Behinderung und LGBTQIA+, eher als Nebenfiguren und nicht als Hauptdarsteller*innen auftreten.

Ohne unsere Stimmen werden die Brillanz und Weisheit von über der Hälfte der Bevölkerung verschwendet.

Wir übersehen einen Großteil an Geschichten, wenn wir überholte Stereotypen über sogenannte Eisprinzessinnen, böse Mädchen, Zickenkriege und dergleichen aufrechterhalten. Wir können keine „faire und ausgewogene" Medienberichterstattung haben, wenn Menschen aus marginalisierten Geschlechtern nicht gleichberechtigt an den Tischen vertreten sind, die entscheiden, was finanziert, veröffentlicht, gesendet oder publiziert wird.

Zusätzlich zur Repräsentation benötigen wir eine umfassende Teilhabe an den kulturellen Institutionen, die unser Leben beeinflussen.

KONTROLLE ÜBER DIE ERZÄHLUNGEN ÜBERNEHMEN: EINE FALLSTUDIE ZU QUEEN BEY

Du hättest nicht gedacht, dass ich über Medien sprechen kann, ohne über Beyoncé zu schreiben, oder? Für die Millennial-Generation ist Beyoncé das, was Madonna für die Generation X die Neuerfindung war – Innovation.

Beyoncé steht stellvertretend für eine Generation, die nach und nach in eine **„Freelance Economy“** gedrängt wurde, die soziales Unternehmer*innentum und Innovation schätzt. Beyoncés bahnbrechende, selbstbetitelte, überraschende Veröffentlichung ihres visuellen Albums 2013 (ohne Werbung) entsprach dem sozialen Wandel hin zu proaktiven, kreativen und kollaborativen sozialen Unternehmungen. Während einige Kritiker*innen sagen, Beyoncé erhielte unterdrückerische Systeme aufrecht, die eher unterminieren als stärken, sehe ich ihr unerschrockenes Eintreten für **Selbstverwirklichung**, körperliche Autonomie und den Ausdruck von Solidarität im Einklang mit genau den Werten, die viele jüngere Frauen inspirieren.

Vielleicht rührt ein Teil der Kritik daher, dass einige Leute es nicht gewohnt sind, dass BIPoC diese Art von Privilegien und Macht im Mainstream ausüben? Beyoncé unterbricht die Vorstellung, dass Künstlerinnen ihre Handlungsfähigkeit und kreative Freiheit immer dem Willen einer meist *weißen*, von cis Männern dominierten Musikindustrie opfern müssen. Sie durchbricht den konventionellen Diskurs über Frauenrechte in der Öffentlichkeit, indem sie kompromisslos zu ihren Widersprüchen steht.

Nach einem Jahrzehnt, in dem ältere Feminist*innen immer wieder fragen: „Wo sind die jungen Frauen?“, und in den Medien abgedroschene Artikel über den unausweichlichen Niedergang des Feminismus zu lesen sind, ist es erfrischend zu sehen, wie Beyoncé den Fokus auf junge Frauen und Feminismus in der öffentlichen Sphäre lenkt. Nach dem Erfolg ihres Albums ist es keine Überraschung, dass ihre Vorreiter*innenrolle eine Reihe von feministischen Proklamationen von Prominenten inspirierte, darunter J.Lo, Katy Perry und Miley Cyrus – und eine Reihe von anderen, die ihrem Beispiel folgten. Während die Kommerzialisierung und das Rebranding des Feminismus nicht den Weg zu wahrer Befreiung darstellen, stellt sich die Frage, ob wir uns nach dem Aufstieg der #MeToo-, der „Black Lives Matter“-Bewegung und dem *Women's March* einem gesellschaftlichen Wendepunkt nähern.

Anstatt etablierte feministische Institutionen, Akademiker*innen oder Industrievertreter*innen um Erlaubnis zu fragen, nutzt Beyoncé die Macht des Internets, um ihre künstlerische feministische Intervention viral zu verbreiten und die kulturelle wie soziale Konversation zu beeinflussen.

Mit Titelgeschichten wie dem kontroversen Artikel von *The Nation* über die sogenannten feministischen Twitterkriege lässt sich argumentieren, dass die feministische Bewegung mehr Zusammenhalt, Inklusion und Zusammenarbeit braucht, anstatt eine neue Ikone zu etablieren – und genau deshalb ist Beyoncé eine nützliche Botschafterin für die nächste Generation von Fürsprecher*innen.

Ohne den Anspruch zu erheben, alle Antworten zu haben oder die alles entscheidende Lösung für kritische Themen zu besitzen, die das Leben von Frauen jeden Tag beeinflussen, wird ihr visuelles und lyrisches Beharren darauf, sich selbst als Feministin zu definieren und ihre Stärke als Frau, Ernährerin, Mutter, Partnerin und sexuelles Wesen zu beteuern, den Feminismus für Frauen und Mädchen zugänglich machen, die vorher entfremdet waren.

Indem sie ihr Megafon benutzt, um ihre intersektionale Vision für Gleichberechtigung zu ihren eigenen Bedingungen voranzutreiben, sendet Beyoncé jungen Frauen eine wertvolle Botschaft: Du bist der CEO deines eigenen Lebens. Lehn dich nicht an die Industrie oder Institution von anderen an, sondern erschaffe und definiere deine eigene.

Sicherlich werden einige radikale Feminist*innen dies als eine Feier des **„Wahlfeminismus"** sehen. Andere werden meine Ansicht teilen, dass die Komplexität von Beyoncés öffentlicher Erkundung ihrer eigenen Identität durch ihre wachsende Diskografie – von Beyoncé zu „Lemonade", zu „Apesh*t", zu „Savage" –, ihre Philanthropie und ihren Aktivismus zeigen, dass sie mehr Kontrolle über die Medien hat und mehr Verantwortung für ihre Botschaft übernimmt.

ES RIECHT NACH MEDIEN SEXISMUS: MEDIENREFLEXIONEN, WAHLEN UND GENDER

Während des Herbstes vor den US-Präsident*innenschaftswahlen 2016 schrieb ich einen Kommentar im Rahmen der „Room for Debate"-Serie der *New York Times*, in dem ich die Teilnehmenden fragte, ob Hillary Clintons Feminismus aus der Mode gekommen sei. Während ich meine Frustration mit meinem Redakteur über die Art der Frage teilte (da ich bezweifelte, dass Donald Trump danach gefragt würde, ob seine widersprüchliche Form des „Der-Gewinner-kriegt-alles"-Mobbings aus der Mode sei), trug ich meine Gedanken zur Debatte bei.

In meinem Beitrag argumentierte ich, dass für junge Befürworter*innen der Geschlechtergerechtigkeit die Bewegung für Gleichberechtigung vielschichtiger, anpassungsfähiger und inklusiver sein müsse. Ich zitierte die Weisheit der feministischen Schriftstellerin Audre Lorde, dass **„es so etwas wie einen Kampf um nur ein Thema nicht gibt, weil wir kein Leben mit nur einem Thema führen"**. Ich erwähnte, dass ich eine Veränderung in der Botschaft von Hillary Clinton seit ihrer Kandidatur im Jahr 2008 erkenne, die sich anscheinend zusammen mit dem gesellschaftlichen Wandel entwickelte.

Clintons historischer Sieg bei den Volksabstimmungen – aber schlussendlich erfolglose Präsidentinnenschaftskandidatur – entstand auf dem Höhepunkt des #feministactivism. Obwohl Lorde vor mehr als 20 Jahren mit ihren Worten zum Ausdruck brachte, dass wir kein Ein-Themen-Leben führen sollten, wird die Zukunft der Bewegung für Gleichberechtigung immer noch durch ihre vorausschauende Haltung beflügelt. Hillary Clinton baute sogar eine Zeile ein, die wahrscheinlich vom intersektionalen Aktivismus im Internet beeinflusst wurde. In ihrer „Breaking Barriers"-Rede vor Schwarzen Wähler*innen im *Schomburg Center* in New York City sagte sie: „Wir sind kein Land, in dem es nur um ein einziges Thema geht", was bedeutet, dass sie zwar einen langen Weg vor sich hat, aber schließlich die Realität akzeptiert hat, dass Kandidat*innen, die von verschiedenen Feminist*innen der kommenden Generation unterstützt werden wollen, eine Strategie vorantreiben müssen, die den Zusammenhang zwischen Rassismus, Klassismus, Sexismus und Ableismus anerkennt.

Von viralen Hashtag-Kampagnen wie #YesAllWomen, einer Reaktion auf Femizide und geschlechtsspezifische Waffengewalt an der Universität von Kalifornien, Santa Barbara, über die Kampagne #FreeKesha, die gezwungen wurde, mit dem Sony-Produzenten zu arbeiten, von dem sie erzählte, er hätte sie sexuell missbraucht, bis hin zu lebhaften öffentlichen Debatten über die Grenzen der Selbstermächtigungsbotschaft des Bestsellers „Lean In“ angesichts der erdrückenden systemischen Barrieren für BIPoC-Frauen, trans und nicht-binäre Menschen, hat feministischer Online-Aktivismus dazu beigetragen, den öffentlichen Diskurs zu gestalten, die US-Präsident*innenschaftswahlen zu beeinflussen und den Weg für zukünftige Aktionen vor Ort zu ebnen.

Natürlich beeinflussten die Viralität dieser Online-Kampagnen und die Verbreitung von feministischen Botschaften in der Popkultur durch Prominente den breiteren Diskurs ebenfalls. Aber das gestiegene Bewusstsein und Engagement verdanken sie in vielerlei Hinsicht der Reichweite und dem Aktivismus von intersektionalen Aktivist*innen, die Online-Medien nutzten, um den Zugang für Menschen zu demokratisieren, deren Plattformen ihre Fürsprache weiterverbreiten konnten. Zum Beispiel hat sich Emma Watson im *Lenny Magazine* – einem mittlerweile nicht mehr aktiven feministischen Online-Newsletter mit Interviews von Hillary Clinton und Senatorin Kirsten Gillibrand – mit der berühmten feministischen Wissenschaftlerin bell hooks zusammengeschlossen. Watson gab öffentlich bekannt, sie würde sich über ein Jahr eine Auszeit nehmen, um Feminismus zu studieren. Matt McGorry von *Orange is the New Black* tat sich mit einer feministischen Firma zusammen,

um eine digitale Kampagne zu starten, die sich für reproduktive Rechte einsetzt und Spenden sammelt.

Vier Jahre später dachte ich an diese Zeit zurück, als ich mich zu den über 200 Schwarzen Frauen zählte, die den designierten Kandidaten Joe Biden aufforderten, eine Schwarze Vizepräsidentin zu wählen. Als ich im Fernsehen sah, wie die damalige Senatorin Kamala Harris die Bühne auf dem Parteitag der Demokrat*innen 2020 betrat, erinnerte ich mich an unseren Brief, in dem es hieß: „Wir fordern dich auf, diese historische Chance zu nutzen und eine Schwarze Frau als Vizepräsidentin zu wählen, die für die Themen eintritt, die für die US-amerikanische Bevölkerung wichtig sind."

Während die Worte in unserem Memo bedeutsam bleiben, ist die Botschaft, die für mich heraussticht, dass unsere Stimmen machtvoll sind, wenn wir uns zusammentun und sie gemeinsam erheben. Ich war nicht nur stolz darauf, in ihr eine Schwarze und südasiatische Frau zu sehen, die von den Medienexpert*innen und Online-Neinsager*innen als „nicht sympathisch genug" oder „nicht wählbar" bezeichnet wurde, sondern auch ermutigt durch die Erinnerung daran, dass wir nicht nur untätige Medienkonsument*innen sind, sondern auch Medien machen und gestalten können, indem wir uns an der Basis einsetzen, Medienkampagnen durchführen, direkte Aktionen starten und sogar unsere eigenen Plattformen schaffen.

„Wir fordern dich auf, diese historische Chance zu nutzen und eine Schwarze Frau als Vizepräsidentin zu wählen, die für die Themen eintritt, die für die US-amerikanische Bevölkerung wichtig sind."

FEMINISTISCHE MEDIEN KOMMEN AUS DER ZUKUNFT: AUCH WENN SIE IN DER VERGANGENHEIT GEBOREN WURDEN.

Buchveröffentlichungen sind politisch, und egal wann und wo sie stattfinden, die Revolution wird ziemlich sicher veröffentlicht werden. Aber wir können unsere Gesellschaft nicht verändern, bis wir nicht die literarische Landschaft grundlegend umgestaltet haben, um die Stimmen der **globalen Mehrheit** in den Mittelpunkt zu stellen.
Das ist der Grund, warum intersektionales feministisches Publizieren ein Widerstand ist.[3]

Die Branche, die den Großteil unserer Bücher produziert, ist allzu oft eine geschlossene Gemeinschaft, die einen schnellen Wandel braucht. Als eine von fünf Prozent der Schwarzen Verlagsprofis weltweit sehne ich mich nach einer Industrie, die mehr wie das vielfältige Meer von Gesichtern aussieht, das ich jeden Tag in der U-Bahn sehe, als die derzeitige eintönige Realität. Da Bücher dazu beitragen, unser Verständnis davon zu formen, wer wir sind und wozu wir in der Welt fähig sind, ist die massive Verstärkung von unterrepräsentierten Stimmen in redaktionellen und ausschlaggebenden Entscheidungspositionen essenziell, um unsere gesamte menschliche Geschichte zu vermitteln.

Ich denke wieder an die Zeit zurück, als mir gesagt wurde, ich müsste mich ändern, um als Reporterin vor der Kamera zu stehen, und dass meine Stimme und meine Worte nichts zählen würden, wenn sie nicht in einem Körper verpackt wären, der in eine sehr enge Norm passt. Ich wollte Reporterin werden, weil ich als Auswanderer*innen-Kind in Saudi-Arabien fleißig die Nachrichten schaute, mich aber selten in den Moderator*innen wiederfand. Ich liebte die Medien, aber ich wollte auch ein Vorbild für Schwarze Mädchen und Mädchen of Color sein. Als Kind konnte ich mir aus den gleichen Gründen nie vorstellen, eine Führungsrolle im Verlagswesen einzunehmen, und das hat mich dazu inspiriert, darüber nachzudenken, was wir tun können, um das sogenannte Gatekeeping zu durchbrechen und die Türen für mehr Vielfalt in der Branche auf allen Ebenen zu öffnen, von Autor*innen über Redakteur*innen bis hin zu Designer*innen und Rezensent*innen.

Beeinflusst von meinen Eltern, die als **Bürger*innenrechtler*innen** für meine Freiheit kämpften, sowie von der Geschlechtertrennung, die ich in Saudi-Arabien erlebte, widme ich mich dem Kampf für Geschlechtergerechtigkeit und Antirassismus. Als feministische Verlegerin und Buchautorin arbeite ich daran, verschiedene Stimmen von den Rändern in die Mitte zu bringen – durch Vordenker*innenschaft, Aktivismus für Mediengerechtigkeit und progressive Veröffentlichungen.

Im Jahr 2017 trat ich der *Feminist Press* *(F.P.)* in ihrem 47. Jahr bei. Zu dieser Zeit wurde ich die jüngste und erste Geschäftsführerin und Verlegerin of Color des am längsten bestehenden feministischen Verlags der Welt. Als ich den Anruf über meine neue Rolle erhielt, war ich stolz darauf, eine Organisation leiten zu dürfen, die fast fünf Jahrzehnte lang als die Vorreiterin des feministischen Verlagswesens galt.

Als ich mich aufmachte, die lange und bewährte Erfolgsbilanz der Presse bei der Veröffentlichung von intersektionalen Büchern auszubauen, einschließlich des ersten Schwarzen feministischen Studienbuchs „But Some of Us Are Brave", Zora Neale Hurstons „I Love Myself When I Am Laughing But Then Again When I Am Looking Mean And Impressive" und ihrer Reihen „Women Writing India" und „Women Writing Africa", versprach ich, alles in meiner Macht Stehende zu tun, um jeden Tag dabei zu helfen, Systeme zu schaffen, die es zukünftigen Führungskräften der Presse ermöglichen würden, die Vielfalt ihrer intersektionalen und ikonischen Liste zu reflektieren. Ein paar Jahre später fasste Roxane Gay diese Absichten in Worte, als wir gemeinsam auf einer Veranstaltung über die Chancen und Herausforderungen sprachen, die damit einhergehen, die „Ersten" zu sein. Im Wesentlichen sagte sie, **das Wichtigste daran, die Ersten zu sein, sei, sicherzustellen, dass wir nicht die Letzten sind.**

Unsere Gesellschaft befindet sich inmitten eines epochalen Umbruchs, da Frauen, BIPoC, nicht-binäre und trans Menschen sowie andere Minderheiten ihre Stimmen erheben und die Verantwortung übernehmen wie niemals zuvor. Doch die Verlagsbranche in den USA ist weit hinterher. Sie wird von demografischer **Homogenität** beherrscht – 79 % *Weiße*, 88 % Heterosexuelle, 99 % Cisgeschlechtliche und 92 % Menschen ohne Behinderung, laut einer Umfrage unter nordamerikanischen Verlagen aus dem Jahr 2015 –, und obwohl ein Wandel stattfindet, können wir noch viel mehr tun, um das Schreiben von marginalisierten Gemeinschaften zu fördern.

Als aktivistische Presse hat sich *F.P.* vorgenommen, den Traum von einer gerechteren Welt zu verwirklichen, in der sich alle Menschen in einem Buch wiederfinden. *F.P.* begrüßt die Beteiligung eines breiten Spektrums von Stimmen als Autor*innen, Herausgeber*innen, Publizist*innen und Gestalter*innen, während wesentliche feministische Texte für unsere Zeit produziert werden. Die Arbeit selbst revolutioniert das Verlagswesen, indem Praktiken der Gerechtigkeit und Zusammenarbeit im gesamten Betrieb der Organisation vorgelebt werden.

Gleichzeitig dachte ich darüber nach, welche sozialen, ökonomischen, politischen und sozialen Bedingungen es so lange haben dauern lassen, bis die

Leitung eines bahnbrechenden Verlags, dessen vielfältige und geschichtsträchtige Liste sowohl das Bücherregal meiner Mutter als auch mein eigenes füllte, von einer Schwarzen Frau übernommen wurde. Aufgrund meiner Erfahrungen als eine der wenigen jüngeren Schwarzen Frauen in Führungspositionen in diversen Organisationen und Unternehmen während meines ganzen Lebens, bleiben Fragen darüber, wer nicht im Raum ist und wer außen vor gelassen wird, in meinem Kopf präsent.

„Wir werden diese verwundete Welt in eine wundersame Welt verwandeln ... Es ist immer Licht, wenn wir nur mutig genug sind, es zu sehen. Wenn wir mutig genug sind, es selbst zu sein."

—Amanda Gorman, Dichterin

Wann immer ich über neue Initiativen, Systeme und Strukturen nachdenke, frage ich mich, wie wir unsere Arbeit für zukünftige Führungskräfte nachhaltiger und zugänglicher gestalten können, die vielleicht nicht die Privilegien haben, die ich habe. Ich wünschte, dies wäre die Norm und nicht die Ausnahme, und deshalb arbeite ich gewissenhaft daran, dies in die Tat umzusetzen, weil ich mich während meiner gesamten Karriere in Online-, Print- und anderen Medien und aktivistischen Bereichen so sehr danach sehnte.

Wie einige der anderen Non-Profit-Organisationen, bei denen ich vor *F.P.* gearbeitet habe, hatten wir, obwohl progressive Werte, Vielfalt, Inklusion und Antirassismus integraler Bestandteil unserer Organisation waren, dennoch mit strukturellen Barrieren zu kämpfen, die den Institutionen, in denen wir arbeiteten, innewohnen, darunter die Hochschulbildung und die Überzeugungsarbeit gegenüber Geldgeber*innen in der philanthropischen Welt vor dem Hintergrund des **Spätkapitalismus**, Patriarchat und *weißer* **Vorherrschaft** in der Trump-Ära.

Als Bewegungspresse zapften wir den Impuls an, der durch die Nachwirkungen des *Women's March*, des größten aufgezeichneten Protestmarsches in der Geschichte der Welt, und anderer wichtiger aktivistischer Bewegungen, die nach den Wahlen 2016 aufkamen, ausgelöst wurde. Hierzu gehörten die Arbeiter*innenbewegung, der Kampf für Reproduktionsgerechtigkeit, die #MeToo-Bewegung, die Proteste gegen die Kavanaugh-Anhörung, die „Black Lives Matter"-Bewegung und der Tag der Solidarität. *The Feminist Press* veröffentlicht die Texte, die unsere Gesellschaft zum Vorwärtskommen braucht: Geschichten, die Menschen dazu inspirieren, einander zuzuhören und voneinander zu lernen, Ungerechtigkeit in all ihren Formen entgegenzutreten und aktiv zu werden. Auf unsere eigene Art und Weise bemühte sich das kleine, aber mächtige Team von *F.P.*, das Verlagswesen zu verändern, indem wir unsere eigenen Werte in die Praxis umsetzten, neue Stimmen auf allen Ebenen unserer Organisation durch bezahlte Verlagsausbildungen, diverse Schreibpreise und zugängliche Veranstaltungen ins Gespräch brachten und das Geschichtenerzählen als mächtiges Werkzeug für soziale Gerechtigkeit und den Aufbau von Empathie nutzten.

Während wir das feministische Verlagswesen vorantrieben, mit feministischen Typograf*innen, BIPoC, Queeren, trans Künstler*innen und Kreativen mit Behinderung, Illustrator*innen und Kollaborateur*innen und darüber hinaus zusammenarbeiteten, existierten wir auch in einer Landschaft, in der Feminismus zum Wort des Jahres im *Merriam-Webster's Dictionary* gewählt wurde, was einige Leute dazu veranlasste, uns zu fragen, ob wir trotz der Angriffe auf die freie Meinungsäußerung und die Vielfalt noch existieren müssten, während der Autoritarismus zunimmt.

Aus einem sozialen Zeitgeist heraus im Jahr 1970 geboren, nutzt *F.P.* seine Position als aktivistischer Verlag, um Räume, Gemeinschaften und Strukturen aufzubauen, die inklusiver und wandlungsfähiger sind. Als Florence Howe vor fast einem halben Jahrhundert die *Feminist Press* gründete, ging sie davon aus, dass die Notwendigkeit eines feministischen Verlags in etwa einem Jahrzehnt enden würde, sobald die Branche die Bedeutung dieser Arbeit erkannt hätte. Obwohl einige Fortschritte erzielt wurden, ist klar, dass wir noch 50 bis 100 Jahre oder mehr zu kämpfen haben, solange die Ursachen, die den Bedarf für die Existenz der *Feminist Press* und anderer radikaler Verlage vor 50 Jahren ausgelöst haben, nicht mit gerechten, ausgewogenen und integrativen Lösungen angegangen werden.

Nachdem mehrere innovative und ikonische feministische Medienpublikationen wie *The Establishment, The Hairpin, Lenny Letter, Rookie Magazine* und XoJane in den letzten zehn Jahren aufgrund der turbulenten Wirtschaftslage geschlossen wurden, sprach die ehemalige *Feministing*- und jetzige *Teen Vogue*-Chefredakteurin Samhita Mukhopadhyay über die lebenswichtige Notwendigkeit der Erzählkraft unabhängiger und progressiver Räume trotz der Zunahme intersektionaler feministischer Gespräche innerhalb der breiteren Gesellschaft. „Viele von uns, die in der feministischen Blogosphäre aktiv sind, sind jetzt in den Mainstream-Medien, was aufregend ist. Dennoch brauchen wir unabhängige Medien, weil sie eine wichtige Kontrollinstanz darstellen", bekräftigte sie und machte deutlich, warum wir – und die Gesellschaft insgesamt – davon profitieren, dass es Orte der Aufdeckung und des **Aufbegehrens** gibt. Wir wachsen durch das aufstrebende Denken, das den Weg für eine breitere Konversation jenseits dessen beleuchtet, was uns meist geldgetriebene Märkte und

Erfolgsformeln vermitteln. Verlage wie *F.P.* sind „die Überprüfung“. Publikationen und Plattformen, die Nuancen hervorbringen, Komplexität zelebrieren, riskantere Konversationen einfangen und sich an Fragen ohne todsichere Antworten heranwagen, werden immer von Bedeutung sein. Durch die Ausbildung der nächsten Generation literarischer „Veränderer*innen“ und die Förderung vielfältiger Verlagsprofis tragen wir zu einem umfassenden Wandel und einer gerechteren Welt für alle bei.

DER STATUS DES VERLAGSWESENS: EIN SCHNELLSCHUSS DARÜBER, WARUM WIR NICHT ÜBER FEMINISMUS REDEN KÖNNEN, OHNE ÜBER RASSISMUS UND KLASSISMUS ZU SPRECHEN

Wenn ausschließlich von einem Zahlenaspekt ausgegangen wird, besteht die Verlagsbranche hauptsächlich aus Frauen.

OFFENE BETEILIGUNG IST MÄCHTIG

In den Jahren 2015 und 2016 stellte *Publishers Weekly* fest, dass 74 % der US-Verlagsbranche aus Frauen besteht.

- 88 % dieser Frauen waren heterosexuell.
- 79 % waren *weiß*.
- Asiatinnen/geborene Hawaiianerinnen/Pacific Islanderinnen machten 7,2 % der weiblichen Mitarbeitenden aus.
- Hispanics/Latininxs/Mexikanerinnen 5,5 %
- Schwarze/Afroamerikanerinnen 3,5 %

Im selben Jahr verdienten cis Männer weiterhin das meiste Geld.

- 2015 verdienten Männer in der Branche durchschnittlich 96.000 US-Dollar.
- 2015 verdienten Frauen im Durchschnitt 61.000 US-Dollar.

Selbst wenn Frauen in der Branche in den Führungsetagen und Vorständen vertreten sind, bestanden 40 % der Befragten aus Männern.

Es leben über 3,3 Milliarden Frauen auf der Welt.

Wenn wir jedoch nur nach den Mainstream-Medien urteilen, könnten wir zu dem Schluss kommen, diese 3,3 Milliarden Menschen seien weniger intelligent und wortgewandt und hätten weniger zu sagen als cis Männer (selbst bei Themen, die sie direkt betreffen). Darüber hinaus verstärkt die Abwesenheit ihrer Stimmen rückschrittliche Stereotypen, die die Handlungsfähigkeit, Führung und Macht von Frauen, trans und nicht-binären Menschen untergraben.

Einer Studie der Weltbank zufolge, die in der *American Political Science Review* veröffentlicht wurde, ist der Aufbau einer feministischen Bürger*innenbewegung entscheidender für die Überwindung von geschlechtsspezifischer Gewalt als linke politische Parteien, nationaler Reichtum oder die Zahl der Politiker*innen. Dennoch ist es in der Realität so, dass Frauen, trans und nicht-binäre Menschen seltener Medien in eigenem Besitz, weniger Einfluss auf die öffentliche Darstellung haben, weniger fair und vielfältig vertreten sind und weniger Zugang zu Medien besitzen. Darüber hinaus wird die Fähigkeit von Frauen, ihre Geschichten und Meinungen frei und sicher zu äußern, durch das Vorherrschen von Online-Belästigung, Missbrauch und Opferbeschuldigung eingeschränkt.

Deshalb widmete ich über ein Jahrzehnt meines Lebens der Teilnahme an oder der Unterstützung von feministischen und anderen progressiven Bewegungen für Mediengerechtigkeit, in Organisationen

Hier ist eine Übersicht über die aktuelle Medienlandschaft und darüber, wo wir stehen:

- Sexistische Medien halten Frauen und nicht-binäre Menschen von der politischen Teilhabe ab – die meisten Medien sind sich des vollen Ausmaßes der Doppelmoral nicht bewusst.
- Die Presse interessiert sich bei politischen Wahlen oftmals eher für die Schuhe einer Kandidatin als für ihre Meinung.
- In den Medien grassieren Opferbeschuldigung, Slutshaming und implizite Voreingenommenheit.

So versuchen wir, die Debatte zu verändern:

- Die Debatte zu formen und die Messlatte anzuheben mit intersektionalen, dezentralisierten, von unten nach oben erfolgenden, von Jugendlichen geführten, bewusstseinserweiternden, gemeinschaftsgetriebenen, zugänglichen, schnell wirkenden und nachhaltigen Lösungen und Bewegungen wie dem *Women's Media Center*; *Women in Media and News*; *Free Press*; *Fair*; dem ehemaligen *Women, Action, and the Media*; *Hollaback! Center for Media Justice*; *Miss Representation*, *Color of Change und Ultraviolet*. Organisationen für Mediengerechtigkeit wie diese entstanden, um Medienbesitz zu demokratisieren, Volksmacht, Ressourcen und Einfluss aufzubauen und so eine signifikante Machtverschiebung auszulösen, die den Zugang, den Besitz, die Repräsentation und die Beteiligung von Frauen, BIPoC und nicht-binären Menschen an Medien und Technologie innerhalb des kommenden Jahrzehnts steigern.

Organisationen für Medienrechte und Mediengerechtigkeit schaffen Medien- und Tech-Störungen und Partner*innenschaften, untersuchen und dokumentieren Ungleichheiten in den Medien, entwickeln Pläne und Strategien, um Medienunternehmen und -plattformen hinsichtlich der Barrieren für einen gleichberechtigten Zugang zur Rechenschaft zu ziehen, und erweitern unsere persönlichen und gemeinschaftlichen Fähigkeiten, Einfluss auf die Medien zu nehmen.

Medienverantwortlichkeitskampagnen helfen dabei, die strukturellen Veränderungen in der Medien- und Tech-Industrie zu beschleunigen, indem sie auf intersektionale Ansätze und Forschungsdaten drängen, um Partner*innenschaften und Lösungen zu finden, die Menschen, die in diesen Bereichen traditionell marginalisiert sind, einen freien und sicheren Zugang zu freier Meinungsäußerung und Online-Medienressourcen auf eine inklusive und nachhaltige Weise ermöglichen.

RACIAL GERECHTIGKEIT

GESCHLECHTER-GERECHTIG-KEIT

Da wollen wir hin:

- Medien, die von Geschlechtergerechtigkeit und Antirassismus angetrieben sind und Barrieren für Zugang, Teilnahme und Eigentum abbauen
- Medien, die eine kollaborative Strategie und Vision mit gemeinschaftlicher Macht fördern und den Einfluss und die Kapazität der Menschen ausweiten, nicht bloß derer, die Gewinne machen
- Medien, die die Stimmen aller einbeziehen und erheben, nicht nur die Weniger
- Medien, in denen Medienmacher*innen und -profis in Medienkompetenz und Mediengerechtigkeit geschult und unterstützt werden, die sich mit traumainformierter Berichterstattung, reproduktiver Gerechtigkeit, Rassismuskritik, sexuellen Übergriffen und Behinderungen befassen

(ONLINE-)SICHERHEIT IN ZAHLEN

Im Jahr 2016, nach einer mehrjährigen Kampagne gegen Online-Belästigung und -Missbrauch in den Medien, moderierte ich ein Gespräch mit der US-Staatssenatorin Wendy Davis, der derzeitigen Geschäftsführerin von *Miss Representation*, Soraya Chemaly, und Meredith Walker von *Smart Girls at the Party* auf dem allerersten SXSW-Gipfel im März über Frauen in den Medien und Online-Belästigung. Die Zeitung *The Austin American-Statesman* berichtete über die Auswirkungen von Online-Missbrauch. Kurz darauf erwähnte Präsident Obama den Gipfel und sagte: **„Das Internet ist ein öffentlicher Raum, in dem Frauen es verdienen, sicher und ohne Angst zu leben."**

Obwohl heute mehr über die Auswirkungen und die Verbreitung von Online-Belästigung bekannt ist, bleiben die beunruhigenden und manchmal tödlichen Auswirkungen erhalten. Hier ein kurzer Überblick:

• Zurzeit geben 90 % der Journalist*innen in den USA und 71 % in Kanada an, dass Online-Belästigung die größte Bedrohung für sie darstellt. 50 % dieser Journalist*innen geben an, dass sie Online-Bedrohungen erlebt haben. Nur ein kleiner Teil dieser Gruppe berichtet, an ihrem Arbeitsplatz Schulungen zur digitalen Sicherheit erhalten zu haben.
— *Committee to Protect Journalists*

• 41 % der Frauen, die Online-Missbrauch

erlebten, berichten von mindestens einem Erlebnis, bei dem Online-Belästigung ihr Gefühl der körperlichen Sicherheit bedrohte. Weltweit geben 46 % der befragten Frauen an, der digitale Missbrauch und die Belästigung, denen sie ausgesetzt waren, wären frauenfeindlich oder sexistisch.
— *Amnesty International*

• In den USA haben 40 % der Menschen Online-Missbrauch gesehen und mehr als 60 % haben ihn miterlebt. BIPoC- und LGBTQIA+-Personen sind überproportional häufig und Frauen doppelt so häufig wie Männer von sexueller Belästigung und Missbrauch im Internet betroffen.

— *Pew*-Forschung

• Digitale Gewalt gegen Mädchen und Frauen ist auch in Deutschland ein weitverbreitetes Problem: Laut einer Umfrage der Kinderrechtsorganisation *Plan International* gaben 70 % der befragten Mädchen und Frauen an, bereits Gewalt im Internet erlebt zu haben. 82 % der Befragten hatten dabei in den Sozialen Medien verschiedene Formen digitaler Gewalt erlebt.

• Zwei Drittel der Journalist*innen wurden belästigt, wobei mehr als die Hälfte innerhalb des letzten Jahres Online-Missbrauch erlebte.
— *International Women's Media Foundation* und *Troll Busters*

• Fast ein Viertel der befragten Frauen in acht Ländern erlebten mindestens einmal Online-Missbrauch oder -Belästigung, darunter 16 % der Befragten in Italien und 33 % in den USA.
— *Amnesty International*

WERDE AKTIV!

• Welchen Einfluss haben Medien auf dein Leben? Nimm dir einen Moment Zeit und schreibe eine Liste der Medien auf, die du im Laufe der letzten drei Tage benutzt hast. Welche Botschaften erhältst du über dich selbst? Welche Botschaften nimmst du von anderen Menschen wahr, deren Identitäten oder Hintergründe sich von deinen eigenen unterscheiden? Wer hat die Kontrolle in den von dir genutzten Medien? Wer wird außen vor gelassen?

• Was sind einige Möglichkeiten, wie wir die Gesellschaft hinterfragen können, um Systeme wie die derzeitigen Medien zu überdenken und zu verstehen?

• Stell dir vor, du wärst ein*e Medienproduzent*in. Skizziere eine kurze Vorstellung von den Medien, die du gerne in der Welt sehen würdest, die es aber noch nicht gibt. Welche Bedingungen müssten gegeben sein, damit diese Art des Geschichtenerzählens gedeihen kann?

• Hast du jemals Online-Belästigung oder -Missbrauch erlebt? Wie hast du dich dabei gefühlt? Wie hat es sich auf deine Beziehung zur Macht ausgewirkt? Wenn es wieder passiert, solltest du wissen, dass du nicht alleine bist. Organisationen wie zum Beispiel Frauen gegen Gewalt e.V. oder HateAid und andere haben Ressourcen, um dir dabei zu helfen, die Hilfe zu bekommen, die du für deine Sicherheit brauchst, den Missbrauch zu dokumentieren und zu entscheiden, ob du die Person blockierst, stummschaltest, meldest, Gegenmaßnahmen ergreifst oder weitere Schritte mit der Unterstützung von vertrauten Verbündeten in deinem Leben unternimmst.

• Wie beeinflusst soziale Macht den Unterschied zwischen gleichberechtigter Darstellung und Gerechtigkeit in den Medien für alle Menschen? Welche Rolle spielen Privilegien dabei, wer gesehen, gehört und repräsentiert wird und wer die Medien, Plattformen und Systeme in deiner Gemeinschaft, deinem Land oder deiner Gesellschaft kontrolliert?

„Aktivismus ist meine Miete für das Leben auf diesem Planeten.“
—Alice Walker, Autorin, Frauenrechtlerin, Aktivistin

„Wenn ich sage, dass ich eine Klimaaktivistin bin, dann meine ich, dass ich eine Kämpferin für den Planeten und eine bessere Zukunft für ALLE bin!“
—Vanessa Nakate, Klimaaktivistin

„Du kannst keine Gesellschaft verändern, wenn du nicht die Verantwortung für sie übernimmst.“
—Grace Lee Boggs, Aktivistin, Philosophin, Feministin

„Alle können die Welt verändern, egal wie klein sie sind.“
—Amariyanna „Mari“ Copeny, „Little Miss Flint“-Aktivistin, Philanthropin und jüngste Nationale *Women's March*-Botschafterin

„Wenn wir zusammen sind, haben wir so viel Kraft … Wie können wir uns nicht von Frauen inspirieren lassen, die wegen ihrer Kinder durch die Hölle und zurück gegangen sind? Du weißt schon, kämpfen, um Gerechtigkeit zu finden. Wie können wir da nicht inspiriert sein und weiterkämpfen wollen?“
—Connie Greyeyes, Cree-Aktivistin

KAPITEL DREIZEHN

Aktivismus

„Saudi-Arabien wird nie wieder so sein wie früher. Der Regen beginnt mit einem einzigen Tropfen.“
—Manal Al-Sharif, Autorin und Aktivistin

„Kein Stolz für einige von uns ohne die Befreiung für alle von uns.“
—Marsha P. Johnson, LGBTQIA+-Befreiungsaktivistin und Performerin

AKTIV WERDEN

Seit Jahrtausenden hat sich die Menschheit mit Bewegungen, Protesten und Revolutionen gegen Ungerechtigkeit und Machtmissbrauch gewehrt, um Veränderungen zu bewirken und Fortschritte zu erzielen. Im Laufe unserer gemeinsamen Reise in diesem Buch sprachen wir über feministischen Aktivismus in seinen vielen verschiedenen Formen auf der ganzen Welt.

Es könnte durchaus behauptet werden, dass, während ich dieses Buch schreibe, eine Person Pläne schmiedet und sich organisiert, um in der Schule, der Gemeinde, dem Land oder darüber hinaus etwas zu verändern – Gott sei Dank!

Während der turbulenten politischen und gesellschaftlichen Ereignisse, die die Welt zwischen 2016 und 2021 erschütterten, nahm ich mir die Zeit, um darüber nachzudenken, wie die Vergangenheit die Gegenwart und eine gerechtere Zukunft, die wir erreichen wollen, beeinflusst. Ich stelle mir oft Fragen wie: „Was verbindet den Widerstand der Frauen aus der Arbeiter*innenklasse, die 1642 zum *House of Lords* und *Commons* in London marschierten, um ungerechte Gesetze anzuprangern, mit den Aktivist*innen für reproduktive Rechte, die die größten Demonstrationen in Polen seit dem Fall des Kommunismus erreichten, mit Stacey Abrams und anderen Schwarzen Graswurzel-Organisator*innen in Georgia, um die Wähler*innenrechte voranzubringen und die Unterdrückung von Wähler*innen in Georgia zu bekämpfen?" (Dadurch wurde der Aufstieg der ersten Schwarzen und südasiatischen Frau zur Vizepräsidentin der USA, Kamala Harris, besiegelt.)

Jede dieser Bewegungen förderte feministische Werte und Perspektiven und hinterließ einen bleibenden Eindruck in der Geschichte, doch nicht alle von ihnen haben sich einheitlich als grundsätzlich feministisch mit einem großen F gebrandmarkt, und das ist auch gut so.

Der Kern dessen, was Feminismus für mich bedeutet, wird immer noch durch den Aufruf der verstorbenen Aktivistin für Wahlrecht, Geschlechtergerechtigkeit und Bürger*innenrechte, Fannie Lou Hamer, bestimmt: **„Kein Mensch ist frei, solange nicht alle frei sind."**

Hamer ist eine viel zu wenig besungene Heldin, deren Vermächtnis genauso viel Anerkennung verdient wie das der männlichen Anführer der Bürger*innenrechtsbewegung. Hamer, eine ehemalige Farmpächterin, die in Armut aufwuchs, sah sich tödlichen Drohungen und Einschüchterungen ausgesetzt, während sie gegen das segregatorische und sexistische politische Establishment in Mississippi kämpfte und benachteiligte Wähler*innen organisierte und registrierte. Die frühere Senatskandidatin und Mitbegründerin des *National Women's Political Caucus* bewies ihren Gegner*innen, dass sie Unrecht hätten, wenn sie ihren Mangel an institutioneller Macht und formaler Bildung – als Schulabgängerin aus der sechsten Klasse – kritisierten. Ihr unverblümter Redestil und ihre moralische Klarheit fesselten ihr Publikum durch ihre souveräne Präsenz.

Wenn ich sehe, wie Hamers Vermächtnis sich auf Bewegungen über die Jahrhunderte hinweg auswirkt, gibt es Gemeinsamkeiten: ein kollektives Bewusstsein oder eine gemeinschaftliche Idee, Überzeugungen, Werte und das Wissen innerhalb einer Gruppe oder Gesellschaft, eine Verpflichtung zum kollektiven Handeln, wenn eine Gruppe von Menschen zusammenkommt, um progressive Maßnahmen zu ergreifen, Bedingungen zu verbessern, Zugang zu erweitern, Barrieren für Gerechtigkeit

und Freiheit abzubauen oder andere gemeinsame Ziele zu erreichen.

Deshalb möchte ich eine meiner persönlichen Geschichten darüber erzählen, wie eine Demütigung, die ich erlebt habe, mich dazu inspirierte, erst lokal, dann national und später global gegen eine Ungerechtigkeit vorzugehen, die mir sehr nahegeht: Straßenbelästigung. Als mein Bewusstsein durch die Erkenntnis, dass ich eine gemeinsame Erfahrung hatte, gegen die ich etwas tun konnte, geschärft wurde, habe ich mit anderen zusammengearbeitet, um kollektiv zu handeln, – und werde dies auch für den Rest meines Lebens tun. Hier ist meine Geschichte.

DIE STRASSEN ZURÜCKEROBERN

Einmal schrie mir ein fremder Mann etwas Vulgäres ins Gesicht, und es war ein Wendepunkt. Folgendes ist passiert: Mit sechs Jahren lernte ich, was Straßenbelästigung heißt. Während dieses ersten Mals ging ich mit meiner damals 37-jährigen Mutter über eine Baustelle; wir waren auf dem Heimweg vom Al-Khozama Hotel, das nur ein paar Häuserblocks von unserem Zuhause in Riyadh entfernt lag.

Es war 1986, und wir lebten seit einigen Monaten als US-amerikanische Auswander-er*innen in Saudi-Arabien. Während wir darauf warteten, dass unser Festnetztelefon installiert wurde, benutzten wir einmal die Woche das Hoteltelefon, um unsere

Verwandten Tausende von Meilen entfernt in den Carolinas anzurufen.

„Habibti", brummte er in dem, was ich als syrischen Akzent zu erkennen gelernt hatte. Ich verstand nicht, warum dieser Fremde meine Mutter „Geliebte" nannte. Er kannte sie nicht. Meine Mutter keuchte, drückte mich enger an sich und sagte: „Emshi" (Geh weg), ehe sie ihren Schritt beschleunigte. Als wir zügig die Straße entlanggingen, hörte ich die Schritte des Mannes hinter uns. Als er uns erreichte, versperrte er uns den Weg. In stark akzentuiertem Englisch sagte er: „Du bist so schön, kann ich dich treffen? Ich muss deinen Namen und deine Telefonnummer wissen."

Meine Mutter starrte ihn an und antwortete in gebrochenem Arabisch: „Lass mein Baby und mich in Ruhe." Enttäuscht begann der Mann, uns zu beschimpfen. Die einzigen Worte, die ich übersetzen konnte, waren die Worte „Schwarz" und „Sch**mpe".

Während meine Mutter mich eilig in unser Hochhaus schob, fragte ich sie, warum sie so verängstigt war. Ich fragte mich naiv, ob der Mann, dem wir begegnet waren, sie wirklich einfach nur „kennenlernen" wollte. Ich verstand nicht, warum sie meine Hand so fest umklammert hatte, als der Mann sich uns mit, wie ich interpretierte, freundlichen Worten vorstellte.

Meine Mutter erklärte, der Mann wolle sie „im biblischen Sinne" kennenlernen und dass es leider Männer auf der Welt gäbe, die Frauen nicht so zu respektieren wussten, wie mein Vater es tat.

Später hörte ich, wie Mom die Geschichte Dad erzählte. Empört über die Tatsache, dass der Mann so ungehobelt war, eine Frau anzumachen, zudem auch noch eine, die mit ihrer Tochter spazieren ging, erzählte sie ihm, wie beängstigend es war, verfolgt zu werden. In gedämpftem Ton sprach Mom über Konzepte, die ich immer noch nicht ganz verstand, wie zum Beispiel Rassismus und Stereotypen über US-amerikanische Frauen, die in den Medien **hypersexualisiert** und deshalb als „leicht“ wahrgenommen wurden – vor allem Schwarze Frauen und Mädchen wie wir.

Wie du bereits weißt, war meine Mutter in den 1960er-Jahren eine Bürger*innenrechtsaktivistin und musste verbalen und körperlichen Missbrauch über sich ergehen lassen, während sie für sich und ihre Gemeinschaft kämpfte. Jetzt waren wir 7000 Meilen von zu Hause entfernt und sie beklagte sich, dass es immer noch zu Belästigungen führte, „eine Frau und Schwarz zu sein“.

20 Jahre später hatte ich einen Flashback von jener Nacht, als ich in der Nähe des Washington Square Parks in Manhattan beschimpft und angepöbelt wurde. Da ich an der *New York University* studierte, ging ich regelmäßig zum Lesen dorthin.

Ich schlenderte durch den Park, erfreut, das Semester zu beenden, und sog das Sonnenlicht auf. Ein Stück von mir entfernt stand ein blonder Mann in den 40ern in Anzug und Krawatte. Als ich an ihm vorbeiging, grüßte er mich mit einem ruhigen „Hallo“. Ich hob meinen Kopf und er rief mir anzügliche Kommentare über meinen Körper zu. Mein Gesicht verzog sich, als er in Gelächter ausbrach. Er belästigte mich, indem er es noch lauter mit einer Singsang-Stimme sagte und dann eine vulgäre Geste mit seinen Fingern machte.

Angewidert beobachtete ich, wie die Passant*innen schweigend meine Erniedrigung beobachteten. Ich brach in Tränen aus, während der Mann weiterhin böse Dinge über meinen Körper sagte. Die Vertrautheit seines herabsetzenden Blicks erinnerten mich daran, dass ich in jungen Jahren Zeuge der Belästigung meiner Mutter geworden war. Während ich weinte, dachte ich an vergangene Erfahrungen:
Von den Rufen wie „Schwarz und schön“ und „brauner Zucker“ über das gewaltsame Berührt- und Geküsstwerden ohne meine Zustimmung durch einen Lieferanten bis hin zu den Beobachtungen von Masturbation in der Öffentlichkeit als Teenagerin, zuerst in Saudi-Arabien und dann in Italien als Studentin im Ausland. Ich war müde von diesen sich wiederholenden Demonstrationen erniedrigender Einschüchterung – und ich wusste, dass es aufgrund der Häufigkeit dieser Art von traumatischen Übergriffen wahrscheinlich nicht meine letzte Erfahrung sein würde. Seit jenem Tag teile ich meine Geschichte, prangere Belästigungen an und wehre mich gegen die Täter, indem ich

Geschichten erzähle, als Unbeteiligte eingreife und mit Organisationen wie *Hollaback!* – einer Graswurzelbewegung, die sich für ein Ende aller Formen von Belästigung einsetzt, – direkten Aktivismus und Schulungen durchführe.

Bei Belästigung und sexueller Gewalt geht es immer um Machtmissbrauch und die Ausübung von Kontrolle, Punkt. Indem sie verbale und körperliche Taktiken anwenden, um uns „in die Schranken zu weisen", uns zu „Exot*innen" zu machen oder unsere Präsenz mit Beschimpfungen oder herabsetzenden Kommentaren zu untergraben, fördern Täter eine feindselige und giftige Umgebung.

Obwohl die Erfahrung, die ich machte, auf der Straße stattfand, spiegeln sich dieselben Ursachen und Machtungleichgewichte in unseren Klassenzimmern, Sitzungssälen, Verkehrssystemen und anderen öffentlichen Räumen aufgrund von Frauenfeindlichkeit, Patriarchat, *weißer* Vorherrschaft, Schwulen- und Lesbenfeindlichkeit, Behindertenfeindlichkeit, Fettfeindlichkeit, Transfeindlichkeit, Antisemitismus, Islamfeindlichkeit und anderen Formen der Entmenschlichung wider. Von meiner Kindheit bis zur Gegenwart gingen diese Forderungen an den Mann, der sich berechtigt fühlte, in der U-Bahn an meinen Dreadlocks zu ziehen, weil er „neugierig" war, an einen *weißen* Mann aus Oakland, der mich „Frau ‚N-Wort'" nannte und mir unaufgefordert anzügliche Fotos via AirDrop schickte.

Missbrauch und Objektifizierung sind kein Scherz. Durch die Verfechter*innen des Mythos ist es eine allgemein akzeptierte Lüge, dass unerwünschte sexuelle Annäherungen, aufdringliche und unsensible Bemerkungen und unaufgeforderte Berührungen etwas sind, worum wir gebeten hätten, was durch unsere Kleidung gerechtfertigt oder „einfach ein Teil des Lebens" sei.

Ich denke oft über die düstere Realität nach, dass 60 % der Frauen irgendwann in ihrem Leben Belästigung auf der Straße erfahren und trans und nicht-binäre Menschen besonders häufig in der Öffentlichkeit diskriminiert werden.

Belästigungen bleiben ein allgegenwärtiges soziales Problem, und es gibt keine Gruppe, die davor gefeit ist. Ich höre oft die beunruhigende Unwahrheit, dass BIPoC-Männer häufiger von Belästigungen betroffen sind. Meine persönliche Erfahrung mit Belästigungen und die faktengetriebenen Studien zeigen, dass Straßenbelästigung sozioökonomische, rassistische und ethnische Grenzen überschreitet.

Straßenbelästigung ist ein frustrierender Faktor in meinem Leben, wo auch immer ich gelebt habe, von Riad in Saudi-Arabien bis New York, von Baltimore, Maryland, bis Rom in Italien, und das ist inakzeptabel.

Wir alle verdienen es, gleichen Zugang zu öffentlichen Räumen zu haben und uns darin sicher und frei bewegen zu können.

STRASSENLAGE

Sexualisierte Gewalt und Missbrauch sind nichts Neues, aber die Bewegung, die sich dagegen wehrt, gewinnt an Zugkraft. Hier ist ein kurzer Überblick über die Geschichte der Bewegung, die uns dahin geführt hat, wo wir heute stehen. Auch wenn der Aufstieg digitaler Videos dazu beiträgt, dass wir mehr Vorfälle von Belästigung festhalten können, sind die toxischen Auswirkungen von Missbrauch weitaus

verbreiteter als das, was wir in der Öffentlichkeit sehen.

Die 1940er- bis 1970er-Jahre: Recy Taylor, Betty Jean Owens und Joan Little trugen dazu bei, die Bürger*innenrechtsbewegung zu initiieren, indem sie Schwarze Gemeinden mobilisierten. Sie lieferten den notwendigen Rahmen dafür, dass afroamerikanische Anti-Vergewaltigungs-Aktivistinnen und Organisatorinnen wie Rosa Parks und Ida B. Wells ihre Gemeinden dazu anregten, sich für die Würde und körperliche Unversehrtheit Schwarzer Frauen einzusetzen.

1960er-Jahre bis 1976: Die internationalen „Take Back the Night"-Proteste wurden in den 1960er-Jahren in Belgien und England zu einem beliebten Mittel, um der Gewalt gegen Frauen und Mädchen zu trotzen. Was als Demonstrationen über das Gefühl, Frauen fühlten sich nicht sicher, wenn sie nachts allein nach Hause gehen, begann, wurde zu einer globalen Bewegung und einer gemeinnützigen Organisation, die sich zum Ziel setzte, alle Formen von sexueller Gewalt, einschließlich Belästigung auf der Straße, zu beseitige.

1970: Karla Jay führte die „Wall Street Ogle-In"-Aktion an, bei der Frauen mit Schildern gegen Straßenbelästigung auf der Wall Street marschierten. Um die Machtdynamik der Geschlechterrollen aufzuheben, riefen die Frauen den cis Männern, denen sie auf der Straße begegneten, sogenannte *Catcalls* – sexuelle Belästigung in Form von anzüglichem Rufen, Reden, Pfeifen oder sonstigen Lauten im öffentlichen Raum – zu, in der Hoffnung, das Bewusstsein für die Art der Straßenbelästigung zu schärfen, die Frauen täglich erleben.

1994: Deirdre Davis verfasste einen Artikel, in dem sie die fünf gemeinsamen Komponenten von Belästigung auf der Straße erläuterte, darunter die Tatsache, dass sie an öffentlichen Orten stattfinden, am häufigsten zwischen Männern und Frauen vorkommen, dass auf ein „Dankeschön" an einen Belästiger weitere Belästigung folgt, Kommentare oft auf das anspielen, was am Körper der Zielperson nicht sichtbar ist, und diese oft objektifizierend und/oder erniedrigend sind, selbst wenn sie als Kompliment getarnt sind.

2008 bis 2012: *Stop Street Harassment* begann als Blog und formte sich zu einer Non-Profit-Organisation, um Menschen zu helfen, gemeinschaftlich gegen Belästigung und Missbrauch vorzugehen.

2010: *Stop Street Harassment* startete die internationale Anti-Straßenbelästigungs-Woche.

2010: *Hollaback!* wurde gegründet, um Geschichten von Belästigung zu teilen und durch Training und direkte Aktionen Belästigungen jeglicher Art auf den Straßen und im Internet zu beenden.

2012: Die in Brooklyn lebende Malerin und Illustratorin Tatyana Fazlalizadeh startete ihre „Stop Telling Women to Smile"-Straßenkunstserie (die später zu einem Buch wurde), die Porträts von Frauen mit Botschaften gegen Straßenbelästigung im öffentlichen Raum platzierte.

2014: Feminista Jones startete #YouOKSis, einen Aufruf zur Bekämpfung von Straßenbelästigung, der uns dazu aufforderte, Überlebende zu fragen, ob es ihnen gut geht und sie Hilfe brauchen, nachdem sie Zeuge von Vorfällen von Straßenbelästigung wurden.

2015: Peru erließ ein Gesetz gegen Straßenbelästigung.

2016: Quezon City, Philippinen, reagierte auf die hohe Belästigungsrate auf den Straßen mit Maßnahmen gegen *Catcalling*.

2018: Frankreich verabschiedete ein Gesetz gegen sexualisierte Belästigung auf der Straße und in öffentlichen Verkehrsmitteln, indem missbräuchliches Verhalten mit Geldstrafen belegt wurde. Die Politik in den Vereinigten Staaten variiert auf Ebene der Bundesstaaten und ist aufgrund von Streitigkeiten über die Grenzen der Redefreiheit, der Meinungsäußerung, der Hassrede und der Bedeutung von „ordnungswidrigem Verhalten" sehr umstritten.

2018: Saudi-Arabien kriminalisierte Straßenbelästigung.

WISSEN IST MACHT

80 % der Frauen haben Straßenbelästigung erlebt.

45 % der Frauen haben das Gefühl, sie könnten sich nicht allein auf öffentlichen Plätzen bewegen.

50 % der Frauen fühlen sich gezwungen, die Straße zu überqueren oder alternative Routen zu ihren Zielen zu wählen, um sicher zu sein.

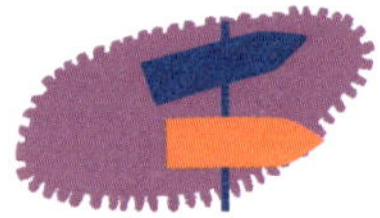

26 % der Frauen geben vor, in einer intimen Beziehung zu sein, um Belästigungen zu vermeiden und sich vor Schaden zu schützen.

80 % der Frauen haben das Gefühl, wachsam bleiben zu müssen, wenn sie auf örtlichen Straßen unterwegs sind.

19 % der Frauen haben den Job gewechselt, um Belästigungen zu entgehen (kanadische Forschung von Rebecca Lennox und Rozzet Jurdi-Hage).

Belästigung und Missbrauch sind niemals okay und auch nicht deine Schuld. Die Realität ist jedoch, dass BIPoC, LGBTQIA+-Menschen, Menschen mit Behinderungen, Migrant*innen und andere marginalisierte religiöse oder andere Identitäten unverhältnismäßig oft zur Zielscheibe werden. Inmitten eines weltweiten Anstiegs des Autoritarismus resultiert die Flut von Belästigungen in öffentlichen Räumen und Institutionen in Hass und Gewalt gegen Einzelpersonen und Gemeinschaften.

Belästigung und Missbrauch reichen von persönlichen Angriffen in öffentlichen Verkehrsmitteln über rassistische und sexistische Kommentare am Arbeitsplatz und gezielten Unterbrechungen in Wahllokalen bis hin zu Polizeigewalt und Selbstjustiz gegen Demonstrierende, die ihr Recht auf freie Meinungsäußerung ausüben, um nur einige Beispiele zu nennen. Um die Gesellschaft, die Politik und die Normen zu verändern, die ungerechte Systeme, Strukturen und Verhaltensweisen zulassen, müssen wir das Problem identifizieren, für die Wahrheit eintreten und aktiv werden.

Um mehr darüber zu erfahren, wie du dich gegen Belästigung und Missbrauch wehren kannst und das Problem verstehst, kannst du dich an Schulungen und Gemeinschaftsaktionen von Organisationen wie den **Bundesverband Frauenberatungsstellen und Frauennotrufe** (bff) und **StopStreetHarassment.org** beteiligen.

WERDE AKTIV!

Was bedeuten kollektives Bewusstsein und kollektives Handeln für dich?

Schreibe eine Lebenskarte über deine Erfahrungen mit Belästigung und Missbrauch auf. Wann hast du dich das erste Mal unsicher gefühlt?

Was bedeutet Sicherheit für dich? Wurdest du jemals auf der Straße belästigt? In der Schule? Auf der Arbeit?

Welche Rolle spielen Machtverhältnisse und Identität bei deinen Belästigungserfahrungen?

Wie wirken sich Macht und Privilegien darauf aus, ob und wie du Belästigung im öffentlichen und privaten Raum erlebst?

Welche Schritte kannst du unternehmen, um dem Machtmissbrauch in deiner Gemeinschaft entgegenzuwirken? Wie kannst du deine Solidarität verstärken?

Wenn du dich von diesem Thema angesprochen fühlst, bist du nicht allein. Hilfe und Ressourcen warten auf dich. Kontaktiere den bff, wenn du sofort mit einer Person sprechen möchtest.

„Denke nicht eine Minute lang, dass du, nur weil du bist, wer du bist, nicht sein kannst, was du dir vorstellst.“
—Jedidah Isler, Astrophysikerin, Pädagogin, Verfechterin der Vielfalt in MINT

„Ich habe Fragen gestellt. Ich wollte wissen, warum.“
—Katherine Johnson, Forschungsmathematikerin der NASA

„Manche Künstler*innen wollen konfrontieren. Manche wollen zum Nachdenken anregen. Sie sind alle notwendig und sie sind alle wichtig.“
—Maya Lin, Architektin

„Die Kernzutaten für revolutionäre Führung sind: sich blicken lassen, Freude verspüren, in Dankbarkeit verweilen, ausgedehnt träumen und sich selbst vertrauen.“
—Sabrina Hersi Issa, Menschenrechts-Technologin und Investorin, CEO von *Be Bold Media*

„Ich mag es, die imaginären Grenzen zu überschreiten, die Menschen zwischen verschiedenen Bereichen aufstellen – es ist sehr erfrischend.“
—Maryam Mirzakhani, erste Frau, die mit der renommiertesten Auszeichnung der Mathematik, der Fields-Medaille, ausgezeichnet wurde

KAPITEL VIERZEHN

Innovation

„Mein Gehirn ist mehr als bloß sterblich, wie sich mit der Zeit zeigen wird.“
—Ada Lovelace, Computerprogrammiererin, Mathematikerin und Schriftstellerin

„Wenn wir unsere Geschichten nicht teilen und ein Scheinwerferlicht auf Ungerechtigkeiten werfen, werden sich die Dinge nicht ändern.“
—Ellen Pao, Autorin, Investorin und CEO von *Project Include*

WAS IST FEMINISTISCHE INNOVATION FÜR DICH?

Wenn ich an feministische Wegbereiter*innen denke, fällt mir oft das Leben meiner verstorbenen Mutter, Dr. Willa Alfreda-Wilson, ein. Sie wuchs in den von „Rassentrennung" geprägten US-amerikanischen Südstaaten auf und war die erste Afroamerikanerin, die an der *University of Illinois* einen Master- und Doktortitel in Kommunikationswissenschaften und -störungen erlangte.

Von Anfang an lagen Moms Forschungs-, Lehr- und klinische Interessen in den Bereichen internationale und diverse Perspektiven in der Sprachpathologie, kindliche Sprachentwicklungsstörungen und Neurogenetik. Wenn ich über den Einfluss nachdenke, den ihre bahnbrechende und intersektionale Forschung, Praxis und ihr Schreiben auf die Welt hatten, komme ich nicht umhin, ihr Interesse und ihre Leidenschaft für Schwarzen Feminismus in Verbindung zu bringen mit ihrem Verständnis und ihrer Leidenschaft für Gerechtigkeit in der Gesundheitsversorgung und Kommunikation für alle.

Obwohl sie ermutigt wurde, Lehrerin zu werden wie ihre Eltern, erzählte sie mir, dass die Sprachpathologie sie inspirierte. Als ehemalige Bürger*innenrechtsaktivistin und Pädagogin strebte sie danach, sowohl Kommunikation als auch vielfältige Lernmöglichkeiten zu einem Menschenrecht zu machen, das für alle zugänglich und erreichbar sein sollte. Ihre Arbeitsweise stand in direktem Kontrast zu dem, was ein konservativer, *weißer* Lehrer zu mir sagte, als ich ihn mit der Frage herausforderte, wie der Kolonialismus seine Sicht auf die wahren Ursprünge von Erfindungen beeinflusste: „Nun, Jamia, trotz deines Wunsches, alles politisch zu machen, ist Wissenschaft eine Sache, die es nicht ist." Ich widersprach und wies darauf hin, dass ich noch keine Dozent*innen im Unterricht hatte, die auch nur annähernd so aussahen wie ich oder wie eine Person of Color, was mit Schweigen und einem Grinsen quittiert wurde.

Im Laufe ihrer internationalen Karriere interessierte sich Dr. Freda, wie Mom von ihren Studierenden und Patient*innen liebevoll genannt wurde, vor allem für die Probleme von benachteiligten Bevölkerungsgruppen in diversen, ländlichen und abgelegenen Gegenden von South Carolina über Saudi-Arabien bis hin zu Russland und Indien. Da ich viele Abende und Wochenenden mit ihr und meinem Vater, der an ihrer Seite als Sprachwissenschaftler arbeitete, im Labor verbrachte, konnte ich aus erster Hand miterleben, wie meine Eltern ihre Werte der sozialen Gerechtigkeit in eine würdevolle und durchdachte Pflege für alle Patient*innen integrierten.

In ihren Büros lernte ich die Gehörlosen- und die Behindertenbewegung kennen, indem ich meiner Mutter dabei zusah, wie sie sich intensiv mit ihren Patient*innen und deren Eltern auf Gebärdensprache austauschte. Während später Abendessen nach langen Arbeitstagen in der Klinik sprachen meine Eltern über ihre Forschung, ihre Arbeit mit Kindern auf dem Land und ihre Sorgen über regionale, Klassen-, rassistische, geschlechtsspezifische, koloniale und einwanderungsbedingte Barrieren, die sich auf ihre geschätzten Klient*innen auswirkten.

Da meine Eltern über 40 Jahre lang miteinander arbeiteten, erhielt ich oft Fragen von ihren Kolleg*innen, wenn ich auf Vorträgen für Menschen aus ihrem Fachgebiet anwesend war. „Willst du in die Wissenschaft einsteigen?“ Noch bevor ich eine Bemerkung darüber machen konnte, dass ich einige ihrer Stärken wie Statistik, Neurologie oder Anatomie nicht teilte, sagte meine Mutter: „Mein Baby ist eine Schriftstellerin und Aktivistin. Sie kämpft für das Recht auf Meinungsäußerung und Kommunikation aller Menschen. Wir setzen uns dafür ein, ihnen Zugang zu verschaffen. Gerechtigkeit und Würde sind dieselben Dinge, nur mit einer anderen Herangehensweise, einem anderen Ansatz, unterschiedlichen Talenten und Wegen.“

In den letzten Tagen ihres Lebens saßen wir mit ihrem Arzt beisammen, der bemerkte: „Ich wunderte mich, warum du nicht wie deine beiden Eltern in der Wissenschaft tätig bist, aber jetzt erkenne ich, dass deine Tätigkeit mit ihrer Arbeit verbunden ist, die sie in der Welt leisten. Deine Arbeit dient der Meinungsfreiheit; sie gibt den Menschen eine Stimme.“ In diesem Augenblick trafen sich sie Blicke von mir und meiner Mutter, die meine Hand drückte. Wir waren erstaunt, dass dieser Arzt, der seine Zeit damit verbrachte, zu erforschen, warum die Art von Gebärmutterkrebs, an der meine Mutter erkrankt war, Schwarze Frauen so brutal und unverhältnismäßig oft trifft, erkannte, was wir oft zu erklären versuchten.

Dieser Moment half mir zu begreifen, was ich die gesamte Zeit von meinen Eltern gelernt hatte: Wissenschaft, Innovation und soziale Gerechtigkeit müssen nicht getrennt voneinander betrachtet werden sie sollten es nicht einmal, um eine zugängliche, gerechte und umfassende Versorgung für alle zu erreichen, die sie benötigen.

RUHE BEWAHREN UND AUF DEINE INNOVATIONSKRAFT VERTRAUEN

Als ich 2013 meinen ersten Job als Geschäftsführerin antrat, zog ich nach Kalifornien, um eine gemeinnützige Organisation zu leiten, die sich auf die Entwicklung von Technologien zur Unterstützung von Gesundheit und Wohlbefinden für Jugendliche aller Geschlechter und Hintergründe konzentrierte. Wir entwickelten jugendorientierte Tools, um BIPoC, queeren Menschen und migrantischen Jugendlichen zu helfen, altersgerechte, umfassende und medizinisch korrekte Sexualerziehung und gesundheitsbezogene Ressourcen zu ermöglichen. Während der ersten jährlichen Konferenz gab ich mein Debüt mit einer Rede darüber, wie die „Revolution von der Jugend vorangetrieben wird".

Zu dieser Zeit hatte ich keine Ahnung, was mit dem *March for Our Lives*, den Schulstreiks für Klimagerechtigkeit und vielen anderen jugendlichen Bewegungen auf uns zukommen würde, aber ich erkannte, wie wichtig es war, den Gegenwind einer Strömung anzuerkennen, die uns in Kürze erwarten sollte – eine neue, frische Perspektive zu Macht, Kollaboration und Zusammenarbeit, um über alle Unterschiede hinweg Gutes zu tun, einschließlich des Alters.

Mit einer Folie, auf der stand: „Keep Calm and Trust Innovation" (Bleib ruhig und vertraue der Innovation), versuchte ich die ermüdende Vorstellung zu widerlegen, dass die sogenannte Selfie-Generation oder die „Ich-Generation" teilnahmslos und oberflächlich sei. Stattdessen argumentierte ich, die kommende Generation sei die Zukunft der Menschheit. Indem ich die Forschung der *Skoll Foundation* untersuchte, die zeigte, dass das Bruttoinlandsprodukt (BIP) nicht gleichbedeutend mit sozialem Fortschritt ist, dachte ich darüber nach, was wir bei der Beurteilung von Möglichkeiten und Fortschritt jeglicher Menschen, aber besonders junger Menschen, die beim Zugang zu Ressourcen, Wohlstand und Privilegien marginalisiert werden, verpassen. Das war der Moment, in dem ich erkannte, wie wichtig es ist, die Jugend nicht nur als einen Markt für innovative Werkzeuge, Projekte und Marketingkampagnen zu sehen, sondern als Teilnehmende, Anführer*innen und Entwickler*innen der Werkzeuge, die wir brauchen, um die Probleme zu lösen, denen wir als Menschen gegenüberstehen.

Damals untersuchte ich, wie sich die Mentalität, die Werte und der Mut entwickeln lassen, um die Art von Organisationen zu schaffen, die junge Menschen brauchen, um eine nachhaltige Führung zu betreiben und zu fördern. Für mich war und ist die „Generation Selfie" Wegbereiter*in unserer Zukunft, die ihren rechtmäßigen Platz als Führungskräfte, Visionär*innen, Problemlöser*innen und Organisator*innen einnimmt. Bevor ich die Bühne verließ, versprach ich, eine Kultur der Fürsorge in den Mittelpunkt meines Ansatzes zu stellen – aber auch alles zu tun, um Bedingungen zu schaffen, die junge Menschen mit den Werkzeugen ausstatten, die sie brauchen, um etwas zu bewirken. Zum Abschied sagte ich:

„Falls du von denen, die vor dir kamen, eingeschüchtert bist, solltest du verstehen, dass auch du direkt neben ihnen einen Platz hast."

Darf ich nun fragen, was für einen Platz du einnehmen möchtest? Was ist der Raum, den du schaffen musst? Wessen Unterstützung brauchst du, um dorthin zu gelangen, wo du hin willst? Und mit wem kannst du dich organisieren, um Barrieren zu durchbrechen, die dem Fortschritt und der Veränderung im Weg stehen?

WER INSPIRIERT DICH ZUR INNOVATION?

Hier sind einige meiner Lieblingsinnovator*innen. Jede dieser Koryphäen half mir, mein Denken darüber zu erweitern, was wir alle in der Welt tun und schaffen können:

Die bahnbrechende französische Filmemacherin **Alice Guy-Blaché** (1873–1968) schuf einen der ersten narrativen Spielfilme. Als erste Filmregisseurin war sie auch eine der ersten Filmemacher*innen, die eine in Bezug auf Rassismus diverse Besetzung präsentierte. Ihre Filme erforschten die Themen Rassismus, Geschlecht und Klasse.

Dr. Gladys West, geboren 1930, ist eine afroamerikanische Mathematikerin, deren Modellierungsarbeit zur Erfindung des GPS führte.

1964 rief der Philanthrop **Reed Erickson** (1917–1992) die *Erickson Educational Foundation* ins Leben, um trans Studien voranzutreiben, trans Bewegungen zu unterstützen und Veranstaltungen und Bildung für trans Menschen und ihre Familien zu finanzieren.

Die 1967 geborene **Özlem Tureci**, eine selbsternannte „preußische Türkin", deutsche Immunologin, arbeitete mit ihrem Team an der Entwicklung eines wirksamen Impfstoffs gegen SARS-CoV-2, bekannt als COVID-19.

Im Jahr 1981 war **Patricia Bath** die erste afroamerikanische Ärztin, die mit ihrer Erfindung der Laserphakosonde ein Patent für medizinische Zwecke erhielt. Bath ermöglichte es Menschen wie mir, die mit einem Grauen Star geboren worden waren oder diesen entwickelten, ihr Sehvermögen zu verbessern oder vollständig wiederherzustellen.

Die Wissenschaftlerin **Gitanjali Rao** wurde mit 15 Jahren vom *Time Magazine* zum „Kid of the Year" ernannt, weil sie sich im Jahr 2020 gegen verschmutztes Wasser, Opioidsucht und Online-Mobbing einsetzte.

LASS UNS ÜBER MACHT SPRECHEN

Wir sind die Gestalter*innen unserer eigenen Zukunft. In einer wirklich befreiten und gerechten Welt wäre meine oben genannte Aussage komplett realisierbar. Diese Aussage spreche ich laut aus, weil ich mich für eine Realität einsetze, in der dieser Satz eine absolute und komplette Wahrheit ist. Doch wir leben in einer Realität, in der systemische Ungleichberechtigung und strukturelle Hindernisse die Chancengleichheit und Zugänglichkeit für viele von uns verhindern, die nicht die Macht, das Privileg und die Ressourcen haben, dies zu verwirklichen.
Obwohl wir noch nicht in einer Welt leben, in der die Ressourcen gerecht und der Zugang zu Dienstleistungen und Macht allenfalls ungleich verteilt sind, können wir gemeinsam an der Gestaltung einer besseren Zukunft mitwirken. Egal, welche Probleme wir lösen wollen oder in welchen Bereichen wir innovativ sein möchten, wir müssen Machtgefälle verstehen und angehen, um Systeme und Werkzeuge zu durchbrechen, die schaden statt helfen.

Hast du eine Vision, wie wir Arbeit, Kunst, Technologie oder irgendetwas anderes neu denken sollten? Wenn du in der Wissenschaft, der Kunst, in sozialen Bewegungen oder in jedem anderen Bereich innovativ sein willst, ist es wichtig, Machtdynamiken zu benennen und Raum zu schaffen, um Menschen mit weniger Zugang und Macht zu Wort kommen zu lassen. Meiner Meinung nach sind Innovationen vor allem deshalb so aufregend, weil sie Kreativität, Prozesse, Risikobereitschaft und ein Verständnis für Geschichte brauchen, um Fortschritte zu ermöglichen.

Die folgenden Fragen sind für dich, falls du überlegst, wie du feministische Innovation in alle Aspekte deines Lebens integrieren kannst, egal ob es sich darauf auswirkt, wie du eine Frage im Unterricht stellst oder welche Art von Projekt oder Kampagne du anstrebst, um einen nachhaltigen Unterschied in deiner Gemeinschaft zu machen.

Stanford's Center for Innovation schreibt: „Soziale Innovation konzentriert sich auf die Ideen und Lösungen, die einen gesellschaftlichen Nutzen schaffen." Welche Art von Lösungen suchst du, um einen gesellschaftlichen Nutzen zu schaffen? Oder wessen gesellschaftliche Innovationsideen haben dich inspiriert? Wie kannst du dich einbringen und helfen, sie zu unterstützen?

Wer hat bisher dazu beigetragen, dass Menschen die Ursache dieses Problems verstehen? Wie kannst du ihre Arbeit auf dem Weg dorthin zitieren und anerkennen? Wessen Stimmen wurden in den Gesprächen und im öffentlichen Wissen über dieses Thema ausgelassen? Wie kannst du ein Bewusstsein für die fehlenden Perspektiven schaffen?

Mit wem kannst du zusammenarbeiten, um Fortschritte zu erzielen?

ENGAGIERE DICH

Wenn du an feministischer gesellschaftlicher Veränderung interessiert bist, dann verfolge die Aktivitäten entsprechender Organisationen in den sozialen Medien und trage dich in ihre Mailinglisten ein:

Frida: The Young Feminist Fund

Hollaback!

The Helm

Pinkstinks

FEMNET e.V.

Deutscher Frauenrat

ADEFRA

Demokratische Fraueninitiative

KAPITEL FÜNFZEHN

Was bedeutet Feminismus für DICH?

„Der einzige Weg, um die globale reaktionäre Welle zu stoppen, ist, gemeinsam, überall auf den Straßen, zu fordern, was uns gehört: unser Körper, unser Leben, unser Land, die Welt.“
—Zofia Malisz, Lewica Razem – politische Partei in Polen

„Ich habe erkannt, dass Gewalt gegen Frauen nicht unbedingt damit zusammenhängt, dass sie in einer Beziehung sind. Vielmehr geschieht es, weil zu viele Männer Frauen als Objekte behandeln, wodurch sie den Missbrauch gegen uns rechtfertigen können, wenn wir uns dazu entscheiden, unseren eigenen freien Willen auszuüben.“
—Megan Thee Stallion, Entertainerin, Philanthropin, Unternehmerin

„Wie Rassismus und alle Formen von Diskriminierung ist Bigotterie gegen trans und nicht-binäre Menschen ein tödliches Karzinom. Wir werden gegeneinander ausgespielt, damit wir uns nicht gegenseitig als Verbündete sehen. Echte Verbindungen der Solidarität können zwischen Menschen geschmiedet werden, die die Unterschiede des anderen respektieren und bereit sind, das Problem gemeinsam zu bekämpfen. Wir sind die Arbeiter*innenklasse und können die Welt revolutionieren. Wir können wahre Befreiung erringen.“
—Leslie Feinberg, Autorin von „Transgender Liberation: A Movement Whose Time Has Come“

WAS BEDEUTET FEMINISMUS FÜR DICH?

Studien zeigen, dass sich mehr als die Hälfte der Menschen weltweit als Feminist*innen identifizieren, doch anhaltende systemische Hindernisse für die Gleichberechtigung und der Anstieg des Autoritarismus stehen in krassem Gegensatz zu dieser Realität. Während viele Menschen zustimmen, dass die Gleichberechtigung der Geschlechter und die Lohngleichheit entscheidend seien für eine gerechtere Gesellschaft, zeigen Untersuchungen, dass die Mehrheit überzeugt ist, Sexismus werde in absehbarer Zeit nicht enden. Wie fühlst du dich dabei?

Von den Menschen, die das Etikett ablehnen, stimmen viele mit den grundlegenden Prinzipien des Feminismus überein, nach denen Menschen aller Geschlechter in Bezug auf Rassismus, Wirtschaft, Kultur, Gesundheit, Umwelt und Politik nicht diskriminiert werden sollten. Aber für einige ist das Etikett durch überholte Mythen, Missverständnisse und Stigmata über die Unterdrückung von cis Männern oder die Förderung der Überlegenheit eines bestimmten Geschlechterausdrucks eine Nummer zu schwer, um es zu tragen. Andere zögern, das „F-Wort" anzunehmen, weil die Bewegungen in der Vergangenheit (und Gegenwart) meist die Privilegierten und Mächtigen in den Mittelpunkt stellten, während marginalisierte Stimmen aufgrund von Klassismus, Ableismus, Nationalität, Rassismus, sexueller Orientierung und anderen Faktoren außen vor blieben.

Keine einzelne Person oder Stimme definiert die Gesamtheit dessen, was Feminismus ist und sein kann, und das macht ihn so zukunftsweisend und zeitgemäß.

Angesichts dieser Diskrepanz möchte ich mit mehr Menschen über Feminismus sprechen und darüber, was er bedeuten kann. Es ist wichtig zu unterscheiden, auf welche Art und Weise Feminismus missverstanden, in seiner Reichweite eingeschränkt und oft in etwas anderes als seine sich ständig erweiternde Bedeutung umgewandelt wird.

Mit den Jahren hat sich mein Feminismus weiterentwickelt und ist um die Erfahrungen gewachsen. Ich akzeptiere und feiere, dass sich mein feministisches Bewusstsein im Laufe meines Lebens weiterentwickeln wird, durch alltägliche Begegnungen, Offenbarungen, Auseinandersetzungen, Frustrationen und das ständige Streben nach Wahrheit.

Was ich dabei lernte, ist, dass mein Feminismus bereichert wird, indem ich anderen intensiv zuhöre und meine Erkenntnisse über das erweitere, was und

wer in den Gesprächen und an der Spitze der Tagesordnung fehlt.
Im Jahr 2014 übernahm Teresa Younger das Ruder der *Ms. Foundation*, einer der ersten und größten Frauenfonds in den Vereinigten Staaten. Kurz nachdem sie die Leitung der ikonischen Institution übernommen hatte, starteten Teresa und ihr Team ihre #MyFeminismIs-Kampagne, um eine umfassende, inklusive und intersektionale Konversation über Gleichberechtigung zu eröffnen.
Auch wenn 2014 wie Welten von heute entfernt zu sein scheint, denke ich oft über ihre umfassende Aufforderung an die Öffentlichkeit nach, die 42 Künstler*innen, Sportler*innen, Organisator*innen, Macher*innen, Träumer*innen und Medienmacher*innen, die sie vorstellten, mit ihren Definitionen und Überzeugungen über Gleichberechtigung zu unterstützen – für einen ständig weiterwachsenden Dialog.

Das Geschenk, das #MyFeminismIs mir machte, war die Frage, die ich mir oft und bewusst stelle – bei jedem Besuch in der Wahlkabine, in meinen Beziehungen, bei einem Praxisbesuch, im Sitzungssaal, in der Lebensmittelkooperative, in der U-Bahn, wenn ich Zeugin von Belästigung werde und so weiter und so fort: Was bedeutet mein Feminismus für mich? Wie sieht intersektionaler Feminismus aus, wie fühlt sich dieser an und was kann ich tun, um diese Werte in diesem Moment anzunehmen, zu verkörpern und zu fördern?

Natürlich kann mein persönliches Verständnis von Feminismus nicht die unzähligen Möglichkeiten widerspiegeln, wie Gerechtigkeit, Gleichberechtigung und Befreiung für alle Menschen im heutigen Kontext und in einer fernen Zukunft existieren können und werden. Keine einzelne Person oder Stimme definiert die Gesamtheit dessen, was Feminismus ist und sein kann, und das macht ihn so zukunftsweisend und zeitgemäß.

Feminismus ist eine Idee und Lebensart, die ich als eine Praktik, ein Versprechen und eine Anwendung betrachte. Wenn ich das Gefühl habe, meine Perspektive oder Gemeinschaft in feministischen Gesprächen in den Medien oder im öffentlichen Diskurs werden außen vor gelassen, überlege ich, wie Feminismus sein muss, um sicherzustellen, dass all die verschiedenen Stimmen, die uns zu dem machen, was wir sind, gehört, gefördert und unterstützt werden.

Welche Samen wurden gesät, die dich in deinem Denken, deiner Stimme und deiner Fähigkeit, sich mit anderen zu organisieren, wachsen ließen, um uns allen zu ermöglichen, frei zu sein?

Jetzt bist du an der Reihe. Schreibe dein Mini-Manifest nieder.

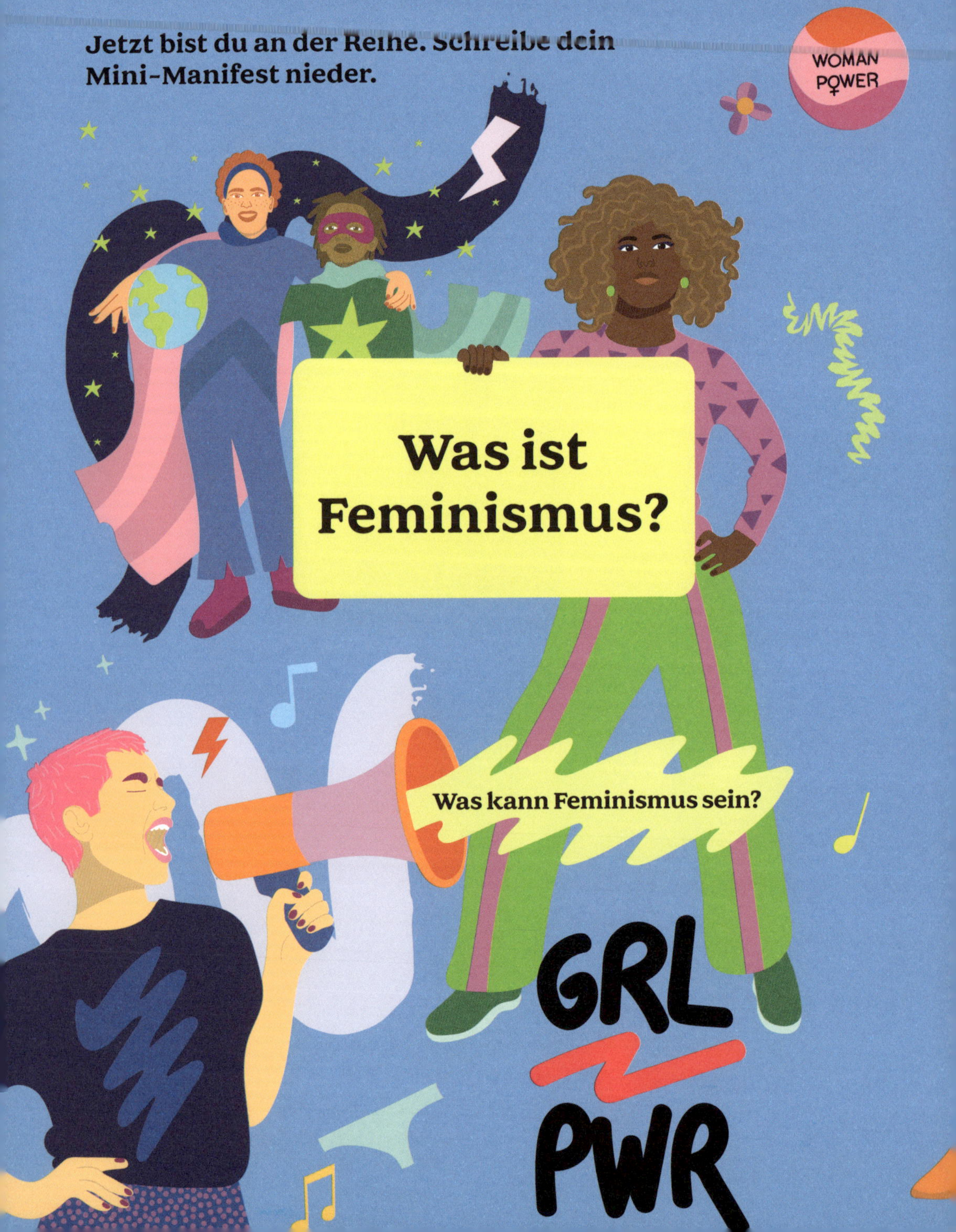

Wie kann ich meinen Einsatz für Gleichberechtigung ausbauen?
Wie kann ich mich auf eine Weise zeigen, dass ich meine Werte zum Leben erwecke? In der Schule? Bei der Arbeit? In meiner Kunst?

ANMERKUNGEN

1. Tarana Burke gründete die #MeToo-Bewegung im Jahr 2006, nachdem sie mit einem 13-jährigen Mädchen gesprochen hatte, das sich über den sexuellen Missbrauch durch den Freund ihrer Mutter äußerte. Burke beschreibt es als „eine Bewegung, die sich speziell mit sexueller Gewalt beschäftigt. Die Bewegung bietet einen Ansatz, wie sexuelle Gewalt beendet werden kann". Sie fokussiert sich auf die Heilung und das Überleben, das durch den Aufbau einer Gemeinschaft mit anderen Überlebenden und das Aussprechen der eigenen Meinung entsteht. Die Bewegung existierte schon seit Jahren, erlangte aber internationale Aufmerksamkeit, als 2017 Anschuldigungen wegen sexueller Übergriffe gegen den ehemaligen Hollywood-Produzenten und verurteilten Sexualstraftäter Harvey Weinstein erhoben wurden.

2. 1991 schrieb Anita Hill Geschichte, als sie vor dem Justizausschuss des US-Senats über die sexuelle Belästigung aussagte, die sie während ihrer Zusammenarbeit mit ihrem Vorgesetzten Clarence Thomas bei der *Equal Employment Opportunity Commission* erlebte. Präsident George H.W. Bush hatte Clarence Thomas nominiert, um Thurgood Marshall am Obersten Gerichtshof zu ersetzen, und Hill erzählte dem FBI, Thomas würde sie sexuell belästigen. Dieser leugnete ihre Darstellung und seine Verteidigung versuchte, ihre Glaubwürdigkeit zu untergraben, indem sie ihr vorwarf, eine Lügnerin zu sein. Die öffentliche Anhörung wurde landesweit vor Millionen von Zuschauer*innen im Fernsehen übertragen. Hill, gerade 31 Jahre alt und eine junge afroamerikanische Juraprofessorin, sah sich den Fragen eines Gremiums von meist älteren, *weißen* Männern bezüglich der Belästigung ausgesetzt. Dies war ein Wendepunkt für viele Menschen im Land, die zusahen und sich mit ihren Aussagen identifizierten. Zu dieser Zeit leitete Joe Biden die Anhörung. Er rief und befragte Zeug*innen und steuerte die Geschwindigkeit des Kreuzverhörs. Biden wurde dahingehend kritisiert, dass er keine Zeug*innen aufrief, die Hills Erfahrungen bestätigten, und Hill auf unwürdige Weise befragte. Biden rief Hill kürzlich an, um sein „Bedauern für das, was sie ertragen musste", auszudrücken.

3. Die Realität ist, dass diejenigen, die den meisten Zugang zu Plattformen haben, um ihre Perspektiven zu veröffentlichen, Geschichten erzählen, die die Kämpfe von cis-heterosexuellen, *weißen* Frauen aus der Mittel- und Oberschicht hervorheben, und so das Verständnis von Geschlechtsidentität und Feminismus in den Mittelpunkt stellen. Das Ergebnis ist, dass die Herausforderungen, die sie persönlich erlebten – in Bezug auf Wahl-, Bildungs- und Heiratspolitik, Bräuche und Gesetze –, zum Zentrum der feministischen Diskussion wurden.

4. Das *Combahee River Collective* war eine Schwarze, queere feministische Organisation, die sich zwischen 1974 und 1980 traf, um sich mit den Bedürfnissen ihrer Gemeinschaft auseinanderzusetzen, über ihre Identität zu schreiben und zu zeigen, dass eine gemeinsame, nicht-hierarchische Basis eine Möglichkeit zur Bekämpfung von geschlechtlicher, sexueller, rassistischer und klassenbasierter Unterdrückung bietet.

5. Nutze die Zeit, um zu recherchieren, wo sich die Kandidat*innen unterschiedlicher Parteien und aller Geschlechter in Bezug auf Geschlechtergerechtigkeit, Antirassismus, Einwanderung, Gesundheitsversorgung, reproduktive Rechte und Klimagerechtigkeit positionieren, um ein vollständiges Bild zu bekommen. Natürlich ist eine „faire" Vertretung der Geschlechter keine Garantie für Gerechtigkeit. Wie wir an verschiedenen Beispielen in der Geschichte und Gegenwart gesehen haben, unterstützen einige Amtsträgerinnen eine Politik, die den Fortschritt und die Förderung von marginalisierten Gruppen beeinträchtigt. Nicht nur aus diesem Grund ist es wichtig, einen intersektionalen Ansatz zu verfolgen, wenn es um die Frage geht, wen wir bei Wahlen unterstützen wollen.

WEITERE LEKTÜRE

Ayim, May: Grenzenlos

Ali, Nimko: Worüber wir nicht sprechen sollen – es jetzt aber trotzdem tun

Angelou, Maya: Was für immer mir gehört

Gay, Roxane: Bad Feminist

Gräfen, Svenja: Radikale Selbstfürsorge

Hoeder, Ciani-Sophia: Wut und Böse

Hooks, bell: Alles über Liebe

Hooks, bell: Feminismus für alle

Kelly, Natasha: Schwarzer Feminismus: Grundlagentexte

Kurt, Seyda: Radikale Zärtlichkeit

Lorde, Audre: Sister Outsider

Monteil, Claudine: Die Schwestern Hélène und Simone Beauvoir

Roig, Emilia: Why we matter

Russell, Anna: Wenn nicht ich, wer dann? Große Reden großer Frauen

Solnit, Rebecca: Wenn Männer mir die Welt erklären

Schick, Sibel: Hallo, hört mich jemand?

Stokowski, Margarete: Die letzten Tage des Patriarchats

Walker, Alice: Auf der Suche nach den Gärten unserer Mütter

GLOSSAR

Aktienportfolios – eine Sammlung von finanziellen Investitionen. Eine Person investiert in sie mit der Hoffnung, einen Gewinn zu erzielen und den Wohlstand zu vergrößern.

American Dream – das Ideal von Freiheit, Gleichberechtigung und Chancen, das traditionell für alle Amerikaner*innen gilt. Der Ethos des American Dreams entstand aus der Unabhängigkeitserklärung, die besagt, dass „alle Menschen gleich erschaffen sind" mit dem Recht auf „Leben, Freiheit und das Streben nach Glück". Die Idee des American Dreams wird oft in Bezug auf die Frage diskutiert und debattiert, wer in der Lage ist, ihn zu erreichen, wer systematisch daran gehindert und wer dabei unterstützt wird.

Asexuell – meint Personen, die keine oder wenig sexuelle Anziehung erleben.

Aufbegehren – Widerstand oder Rebellion gegen Autoritäten oder ein Establishment

Autonomie – Unabhängigkeit oder Freiheit von äußerer Kontrolle oder Einfluss

Autorität – eine Form des Regierens, die Diversität innerhalb einer politischen Partei ablehnt und den Einsatz von Macht zur Kontrolle des Status quo bevorzugt. Eine autoritäre Regierung könnte zum Beispiel die Religionsfreiheit ablehnen, eine gefälschte Wahl abhalten oder uneingeschränkt Macht hinsichtlich des Gesetzes ausüben.

Bewusstseinserweiterung – Schärfung des Bewusstseins für soziale Bedingungen, die Ungerechtigkeit verursachen und aufrechterhalten. Ein Ansatz, der von Feminist*innen der 1960er-Jahre popularisiert wurde.

BIPoC – ein Oberbegriff, der für „Schwarze Menschen, Indigenous und People of Color" steht. Ein stärkerer Begriff als der Ausdruck „Minderheit". Er wird verwendet, wenn eine Gruppe und nicht ein Individuum gemeint ist. Im Vereinigten Königreich wird oft BAME (Black, Asian, Minority Ethnic) verwendet, wobei auch hier die Einschränkungen zu beachten sind.

Bluestocking Feminists – ein Name, der heute oft abwertend für eine intellektuelle oder belesene Frau verwendet wird. Die ursprüngliche Geschichte der Bluestockings begann im 18. Jahrhundert in Großbritannien, als Gruppen von Frauen zusammenkamen, um soziale und erzieherische Angelegenheiten mit Männern zu diskutieren. Sie waren in der Regel wohlhabend und konservativ, aber ihre Treffen waren für die damalige Zeit und den Ort ziemlich radikal.

Briefwahl – eine Abgabe der Wahlstimme von einer Person, die aufgrund von Abwesenheit vom üblichen Wahlbezirk, Krankheit oder Ähnlichem die Erlaubnis erhalten hat, per Post zu wählen

Bürger*innenrechtler*innen (Vereinigte Staaten) – Menschen, die in der Vergangenheit Märsche, Boykotte und umfangreiche Aktionen des zivilen Ungehorsams wie Sitzstreiks, Wähler*innenaufklärung und Wahlkampagnen organisierten. Die meisten dieser Bemühungen waren lokal, hatten aber eine

nationale Auswirkung im Kampf für soziale Gerechtigkeit, der hauptsächlich in den 1950er- und 1960er-Jahren stattfand, damit Schwarze US-Amerikaner*innen die gleichen Rechte gemäß dem Gesetz in den Vereinigten Staaten erhielten.
Cisgeschlechtlich (cis) – eine Person, deren Geschlechtsidentität mit dem Geschlecht übereinstimmt, das ihr bei der Geburt zugewiesen wurde

„Farbignoranz" – eine Ideologie, die versucht, Rassismus abzubauen, indem sie Individuen so gleich wie möglich behandelt, ohne Rücksicht auf rassistische Zuschreibungen. Allerdings richtet sie Schaden an, indem sie Menschen nicht in ihrer Ganzheit sieht, kulturelles Erbe ablehnt und negative Erfahrungen ignoriert oder Benachteiligungen, die aufgrund von Rassifizierung erfahren werden, leugnet.

Feminist*innen der ersten Welle – der frühe Feminismus im 19. und 20. Jahrhundert, der sich auf politische Macht konzentrierte, hauptsächlich auf das Wahlrecht für *weiße* Frauen der Mittelschicht. In den meisten Fällen wurden z. B. Schwarze Frauen oder Frauen mit niedrigerem sozioökonomischen Status nicht berücksichtigt und sogar bekämpft.

Frauenfeindlichkeit – Verachtung, Abneigung und/oder tief verwurzelte Vorurteile gegenüber Mädchen und Frauen

Freelance economy – bedeutet, dass Unternehmen Arbeitskräfte für bestimmte Aufgaben gegen eine einmalige Zahlung mit einem kurzfristigen Vertrag einstellen, statt ihnen eine feste Anstellung mit einem regelmäßigen Gehalt anzubieten.

Gaslighting – eine Form des emotionalen Missbrauchs in missbräuchlichen Beziehungen. Ein Akt der Manipulation einer Person, indem sie gezwungen wird, ihre Gedanken, Erinnerungen und Ereignisse zu hinterfragen, was zur Folge haben kann, dass diese Person ihren Verstand infrage stellt.

„Getrennt, aber gleich" – eine ehemalige Maßnahme in einigen Gebieten der USA, bei der BIPoC abgesondert werden konnten, wenn ihnen die gleichen Einrichtungen wie *Weißen* gewährt wurden, z. B. für Schule, Arbeit, Transport. In der Praxis waren die Einrichtungen für BIPoC fast immer schlechter als die für *weiße* Menschen oder existierten einfach nicht.

Globale Mehrheit – ein ermächtigender Begriff, der reflektiert, dass BIPoC über 80 % der Weltbevölkerung ausmachen. Diese Formulierung weist auf die Ungenauigkeit des Begriffs „Minderheit" hin.

Globaler Norden (westlich) – obwohl der Begriff in westlichen Gesellschaften oft verwendet wird, um Normen und Werte zu beschreiben, die ihren Ursprung in angelsächsischen und westeuropäischen Kulturkreisen haben, erklärt Dr. Kwame Anthony Appiah, dass „die Werte der Freiheit, der Toleranz und der rationalen Forschung nicht das Geburtsrecht einer einzelnen Kultur sind. Tatsächlich ist die Vorstellung von etwas, das ‚westliche Kultur' genannt wird, eine moderne Erfindung".

Heteronormativ – Verhalten oder Einstellungen, die mit traditionellen männlichen oder weiblichen Geschlechterrollen übereinstimmen und Heterosexualität als Norm voraussetzen

Homogenität – besteht aus Teilen des Gleichen oder Ähnlichen anstatt aus Verschiedenem.

Hypersexualisierung – die Sexualität von etwas betonen

Hypervigilanz – ein Zustand der erhöhten Wachsamkeit. Wenn du dich in einem Zustand der Hypervigilanz befindest, bist du extrem sensibel für deine Umgebung. Hypervigilanz wird oft durch ein Trauma ausgelöst.

Internalisierte Konditionierung – der Prozess des Erlernens oder des Gewöhnens an ein bestimmtes Verhalten oder an die Akzeptanz einer bestimmten Situation oder einer Reihe von Normen

Intersektionalität – die Überschneidung von sozialen Identitäten (durch Rassismus, Klassismus und Sexismus geprägt), die zu der spezifischen Art von Diskriminierung beiträgt, die eine Person erlebt

Jim-Crow-Gesetze – Gesetze, die die „Rassentrennung" im Süden der USA zwischen 1877 und Mitte der 1960er-Jahre durchsetzten. Sie stellten die Legitimation des Anti-Schwarzen-Rassismus dar, der Schwarze Menschen in allen Lebensbereichen als Bürger*innen zweiter Klasse behandelte. Gewalt wurde instrumentalisiert und als Methode der sozialen Kontrolle eingesetzt.

Kapitalismus (Spät-) – ein Wirtschaftssystem, in dem Reichtum von Privatpersonen oder Unternehmen geschaffen und erhalten wird, insbesondere im Gegensatz zu genossenschaftlich, staatlich oder in staatlichem Besitz befindlichen Mitteln des Reichtums

Kernfamilie – eine soziale Einheit, die aus zwei Elternteilen und einem oder mehreren Kindern besteht

Lebensmittelwüste – Gebiet, in dem Armut, schlechte öffentliche Verkehrsmittel und ein Mangel an großen Supermärkten den Zugang zu erschwinglichen und frischen Lebensmitteln erschweren

Leistungsgesellschaft (Meritokratie) – eine Gesellschaft, in der Fortschritt auf Leistung und Talent und nicht auf klassistischen, sexistischen oder rassistischen Privilegien basiert. Leistungsgesellschaft wird oft als „objektiv und fair" missverstanden, weil sie sich darauf konzentriert, Individuen zu belohnen, ohne Rücksicht auf Zugangsbarrieren oder unverdiente Privilegien zu nehmen, die ihren Aufstieg beschleunigt haben.

LGBTQIA+ – die gängige Abkürzung für lesbische, schwule, bisexuelle, pansexuelle, trans, nicht-binäre, genderqueere, queere, intergeschlechtliche, agender, asexuelle Menschen und der damit verbundenen Gemeinschaft

Locs – eine Abkürzung für den Begriff „Dreadlocks". Dabei handelt es sich um Haare, die – im Zusammenhang mit Rastafari bekannt – als lange, gefilzte oder fest gelockte Strähnen getragen werden. Der Begriff „Dreadlocks" wird in unterschiedlichen Kreisen als problematisch diskutiert, da „Dread" „Furcht" und „angsteinflößend" bedeutet und zu einer negativen Assoziierung führen kann. Deshalb verwenden einige Menschen den Ausdruck „Locs" oder „Locks".

Mikroaggression – ein subtiler, aber beleidigender Kommentar oder eine Handlung, die an ein Mitglied einer Randgruppe gerichtet und oft ungewollt beleidigend ist oder unbewusst ein Stereotyp verstärkt

Monogam – die Praxis, eine*n Partner*in zu haben

Monokular – das Sehen auf einem Auge

Mujerista – stellt Latinx-Frauen und nicht-binäre Menschen in den Mittelpunkt einer feministischen Bewegung, anstatt sie als „andere" zu betrachten. Der Begriff unterstreicht die Notwendigkeit einer Befreiung für alle.

Nicht-binär – Menschen, deren Geschlechtsausdruck und/oder -identität nicht den traditionellen Geschlechtsnormen bzw. binären Geschlechtern entspricht

Oxymoron – eine Redewendung, die sich selbst zu widersprechen scheint, z. B. „grausame Freundlichkeit"

Patriarchat – ein Gesellschafts- oder Machtsystem, das von Männern kontrolliert wird

Polyamorie – die Praxis, mehrere romantische Beziehungen einzugehen, mit dem Einverständnis aller beteiligten Personen

Pronomen – beschreibt Geschlechtsidentitäten und ihre Pronomen. Im Deutschen werden herkömmlich die Personalpronomen der dritten Person Singular verwendet (sie und er), die dem Geschlecht Mann und Frau zugeordnet sind. Allerdings gibt es darüber hinaus Geschlechtsidentitäten wie z. B. nicht-binäre Menschen, die nicht nur die Pronomen sie und er verwenden, sondern z. B. keine, persönlich gewählte oder auch they und them.

Queerfeindlichkeit (Homophobie) – Abneigung gegen und Vorurteile gegenüber LGBTQIA+-Menschen

Reparationszahlungen – Geld, Ressourcen und/oder Materialien, die normalerweise von einer Regierung oder einem Land als Anerkennung für ein historisches Unrecht gezahlt werden. Dies kann ein Land oder eine Person für einen erlittenen Verlust entschädigen. In diesem Zusammenhang: Reparationen für Schwarze Menschen für die Versklavung ihrer Vorfahr*innen.

Riot Girl – ein Mitglied einer Bewegung junger Feminist*innen, die mit Punk-Rockmusik in Verbindung gebracht wird

Selbstverwirklichung – die Verwirklichung oder Erfüllung der eigenen Talente und des eigenen Potenzials

Solidarität – gegenseitige Unterstützung durch Einigkeit, Übereinstimmung, Gefühl, Aktion, Empathie oder vergleichbare Bestrebungen, besonders unter Menschen mit gemeinsamen Visionen, Zielen und Interessen

Suffragette – eine Befürworterin der Ausweitung des Wahlrechts (besonders für Frauen)

Tamponsteuer – der Name für die Steuer, die in vielen Ländern auf Hygieneartikel für Frauen erhoben wird. Im Gegensatz zu der Steuerbefreiung, die anderen Produkten gewährt wird, die als „Grundbedürfnisse"

gelten. (Es ist keine spezifische Steuer auf Tampons.) Diese Steuer wurde in Großbritannien im Jahr 2021 abgeschafft.

Toxische Männlichkeit – dieser Begriff definiert sich durch die strikte Einhaltung von begrenzten Vorstellungen und Stereotypen darüber, wie traditionelle Geschlechterrollen aussehen, sich anfühlen und anhören sollten, für alle Menschen, denen bei der Geburt ein männliches Geschlecht zugewiesen wurde. Es ist gekennzeichnet durch die Verherrlichung einer Reihe von Verhaltensweisen, einschließlich Dominanz, Stoizismus, Status, Wettbewerb und Aggression. Sie zeigt sich in Form von Spott, Einschränkung, Unterdrückung oder Bestrafung von Jungen und Männern, die ihre ganze Bandbreite an Emotionen ausdrücken, einschließlich Traurigkeit, Wut und Verletzlichkeit.

Vorherrschaft (weiße) – die hasserfüllte Ideologie, dass *Weiße* Menschen überlegen sind, entstand aus Rassismus und Antisemitismus. Sie kann sich auch auf die Systeme beziehen, die es *Weißen* kollektiv ermöglichen, die Macht in sozialen, wirtschaftlichen, politischen und moralischen Strukturen zu erhalten.

Wahlfeminismus – ein individualistischer Ansatz des Feminismus, der besagt, dass die individuellen Entscheidungen einer Frau immer feministisch sind, da sie diese selbst getroffen hat. Er ist problematisch, da er die Einschränkungen, die durch Rassismus, sexuelle Orientierung und Identität, Behinderung/Nicht-Behinderung und/oder Klasse entstehen, außer Acht lässt und Machtdynamiken und Strukturen in einer Gesellschaft nicht miteinbezieht.

„Wohlwollender" Sexismus – eine Form des Sexismus, bei der Menschen, insbesondere Frauen, die den traditionellen Geschlechterrollen entsprechen, positiv gesehen werden

Womanist – eine Schwarze Feministin, die sich gegen Sexismus in der Schwarzen Community und Rassismus in der gesamten feministischen Community einsetzt, mit dem Ziel, BIPoC-Frauen mit der feministischen Bewegung zu vereinen.

Jamia Wilson ist eine feministische Aktivistin, Autorin und Referentin. Seit 2021 ist sie Vizepräsidentin und leitende Redakteurin bei *Random House*. Als ehemalige Direktorin der *Feminist Press* an der *City University of New York* und ehemalige Vizepräsidentin für Programme am *Women's Media Center* ist Jamia Wilson seit über einem Jahrzehnt eine führende Stimme zu Frauenrechtsthemen. Ihre Arbeit erschien in zahlreichen Medien, u. a. in der *New York Times*, *Today Show*, bei *CNN*, *Elle*, *BBC*, im *Rookie Magazine*, auf der Medienplattform *Refinery 29*, in der *Glamour*, *Teen Vogue* und *Washington Post*. Sie ist die Autorin von „Young, Gifted, and Black", dem Vorwort und der mündlichen Überlieferung in „Together We Rise: Behind the Scenes at the Protest Heard Around the World", „Step Into Your Power: 23 Lessons on How to Live Your Best Life," „Big Ideas for Young Thinkers", „ABC's of AOC" und Co-Autorin von „Roadmap for Revolutionaries: Resistance, Advocacy, and Activism for All".

Foto von Aubrie Pick

Aurélia Durand ist eine französische Illustratorin, die in Paris lebt. In ihrer Arbeit widmet sie sich der Darstellung von BIPoC in der Gesellschaft und nutzt kühne Kunst als eindringliche Demonstration. „Ich benutze leuchtende Farben und fröhliche Musik, um gute Vibes zu verbreiten, um über Diversität zu sprechen und eine Konversation darüber zu eröffnen, warum es wichtig ist, mehr Farbe in unsere Gesellschaft zu bringen." Sie möchte nuanciertere illustrative Geschichten schaffen, indem sie BIPoC-Frauen porträtiert, die stolz und kämpferisch sind. Ihre Arbeiten sind in Werbekampagnen, Galerien und redaktionellen Magazinen zu sehen. Zu ihren Kunden gehören Apple, Malala Fund, Urban Decay, Evian und der New Yorker. Sie teilt ihre Arbeit online auf verschiedenen Plattformen, hauptsächlich auf Instagram, wo sie täglich Illustrationen, Live-Malereien und Animationen postet. Sie ist die Illustratorin von „This Book Is Anti-Racist" (in der Übersetzung ebenfalls beim Zuckersüß Verlag erschienen unter dem Titel „Das Buch vom Antirassismus") und dem dazugehörigen Journal-Titel. Auf Instagram findest du sie unter: @4ur3lia.

Foto von Aurélia Durand

Jamia Wilson & Aurélia Durand
THIS BOOK IS FEMINIST

1. Auflage 2021

Zuckersüß Verlag ist eine Marke der
Luna Ventures GmbH
Prenzlauer Allee 186
D-10405 Berlin

ISBN 9783949315053

Gedruckt in Deutschland
Übersetzung: Ciani-Sophia Hoeder
Lektorat: Josephine Apraku & Sophie Niemann

FSC www.fsc.org
MIX
Papier aus verantwortungsvollen Quellen
FSC® C004592

Zuckersüß VERLAG

www.zuckersuessverlag.de